バスタオルウォーキング

bath towel walking

外反母趾研究所代表 古屋達司 著
みらいクリニック院長 今井一彰 監修

あさ出版

ングでここが変わる!

ふくらはぎの張り・むくみ

マッサージをしなくても
張りやむくみが
改善する

足の冷え

血液の循環が改善し
指先まで
ポカポカする

疲れ

体が軽くなり
楽に歩けるようになる

外反母趾《かいはんぼし》

歩いていても痛みが
なくなり変形も
改善する

内反小趾《ないはんしょうし》

靴に当たらなくなり
痛みを気にしないで
歩けるようになる

ねこ背

姿勢が良くなり
歩く姿が
綺麗に見える

タコ・ウオノメ

削らなくても
自然に薄くなり
痛まなくなる

ダイエット

足・脚の筋肉を
効率よく使うため
基礎代謝が
向上する

巻き爪

足指に体重が
乗ることで巻き爪が
予防・改善する

開張足《かいちょうそく》

足の横幅の広がりが
止まり改善する

歩くのが遅い

重心が前に
移動するので速く
歩けるようになる

指や足がつる

足指の筋肉を使うので
指や足が
つらなくなる

ング”でここが変わる！

運動能力が上がる

足指に力が入り
運動能力が
向上する

アキレス腱の痛み

アキレス腱が
柔軟になり
痛みが改善する

ひざの痛み

ひざへの余分な
ストレスや捻れが
なくなり、痛みが
改善する

腰痛

重心の位置が変わって
腰へのストレスが減り
痛みが改善する

浮き指

浮いていた足指が
正しい状態になり
地面に着くように
なる

足指のつけ根の痛み

足指のつけ根に
ストレスが溜まらなく
なるため、痛みが
改善する

“バスタオルウォーキ

足指のしびれ

足指を使って歩ける
ようになるため
血流が良くなり
しびれが改善する

かかとの痛み

重心の位置が変わり
かかとへのストレスが
減るので
痛みが改善する

足底筋膜炎《そくていきんまくえん》

足裏にかかる負担が
なくなり、運動しても
痛まなくなる

つまずき

何もないところで
つまずかなくなる

運動器症候群※

衰えていた足指の
骨・関節・筋肉を
鍛えることができる

転倒
予防・防止

バランスを崩しても
足指に力が入って
体を支えるため
転ばなくなる

※運動器症候群とは、加齢に伴って、体を支えたり
動かしたりする骨・関節・筋肉など（運動器）の衰えが原因で、
要介護や寝たきりになる危険性が高まる状態のこと。

足や体の不調に悩まれ、
私のもとへ相談に来られた方が、
実際にバスタオルウォーキングを
体験されたときのことを
ご紹介します。

古屋先生のコメント

Wさんの歩き方を確認すると、ケガのせいもあってか、足指を使えておらず、後方重心になっていました。

そのため、足の血流が悪い状態になり、人差し指の治りも遅く、足全体にしびれがあったのでしょう。

また、足指まで重心を移動させることができていなかったので、歩くとつまずきやすい状態になっており、左足の人差し指をケガされたのではないかと考えられます。

足の指を使って歩くことができ、足のしびれがなくなった

若いときから、右足の外反母趾がひどかったのですが、痛みはありませんでした。

あるとき、家の中でつまずき、左足の人差し指を家具に打ちつけました。指が腫れ、痛みがあったので、整形外科に行きましたが、外反母趾が原因だと言われ、これといった治療はしてもらえませんでした。

いつまで経っても足が痛いので、外反母趾研究所を訪れました。古屋先生には、「後方重心になっていて、血流も悪いですね」と指摘されました。

バスタオルウォーキングをはじめてから、2週間で人差し指の腫れも痛みも治まりました。

さらに、あるときから正座をしたあとのようなしびれが、足全体にあったのですが、バスタオルウォーキングをしてから、それもなくなりました。足の指を使って歩くようになったので、血流が良くなったのではないかと思います。足の痛みも違和感もなくなり、まだまだこれからもしっかり歩けるようになれたので、とても嬉しいです!!

古屋先生のコメント

Aくんは、後方重心で足指を使って歩いていなかったので「浮き指」になっていました。

靴のサイズが大きくなったのは、重心を前方移動させて足指を使って歩くようになり、丸まって浮いていた足指が、地面に着くことで、足が正しい状態（本来のカタチ）になったためです。

靴のサイズが、今回は1か月で1.5cm大きくなりましたが、今後もAくんの成長と共に靴のサイズも大きくなると思います。

また、地にしっかり足指が着くようになったことで、踏ん張りがきくようになり、ますます野球のパフォーマンスも上がることでしょう。

足が正しい状態になり、1か月で靴のサイズが1.5cmアップ

僕は、野球チームでピッチャーをしています。ある日、僕の足を見た母に「外反母趾ではないか」と言われ、特に痛みはなかったけど、古屋先生を訪ねました。

先生に診てもらうと、「浮き指」といって、指が浮いている状態だと言われ、「足の指を使って歩こうね」とバスタオルウォーキングを教えてくれました。

バスタオルウォーキングをしてから毎日、足の指を意識して、重心を前へ移動させて歩くようにしたら、いつも履いていた靴が急に小さく感じました。靴を買いに行くと今までは23.5cmだったのに、25cmと一気に1.5cmも足のサイズが大きくなっていて、とても驚きました。

また、野球のパフォーマンスも上がり、ピッチングを審査する大会でも結果を出せるようになりました。これからもいいピッチングができるようにバスタオルウォーキングを続けていきたいです。

古屋先生のコメント

Yさんは、ダンサーだけあって、綺麗な姿勢でしたが、後方重心のため、体重の移動がしっかりできておらず、「浮き指」になっていたのです。

浮き指になると、踏ん張る力が弱くなり、体のバランスが悪くなります。

バスタオルウォーキングをすることで、Yさんの後方重心が改善され、浮いていた足指が接地することによって、体のバランスが安定しました。

さらに、足指のつけ根にストレスが溜まらなくなったので、痛みも改善されたのでしょう。

体幹トレーニングでも治らなかったのに！

競技ダンスをしていますが、1年程前から左足の人差し指と中指のつけ根に痛みが出るようになりました。足の専門外来を受診したところ「扁平足が原因だから改善は難しい」と診断されましたが、少しでも症状を和らげたいと思い、外反母趾研究所を訪ねました。

古屋先生に「重心のバランスが悪いねー」と言われ、重心の移動を意識してバスタオルウォーキングをするように指導していただきました。

以前、ダンスパートナーからも「バランスが悪い」と言われたことから、ジムで体幹トレーニングを続けていたのですが、一向に良くならず、悩んでいました。

ところが、古屋先生の指導を受けたあと、ダンス中に重心を前へ移動してみると体がピタッと安定しました！

今までは、足に力を入れて無理矢理バランスを取っていましたが、無理なく体が安定したのでとても驚きました。

バスタオルウォーキングをして1か月程で、左足の指のつけ根の痛みもなくなりました。今では、ダンスパートナーからも「バランスが安定して、踊りやすくなった」と言われ、パフォーマンスが上がりました！

古屋先生のコメント

Sさんは、体はしっかり鍛えられていましたが、両足の親指の先端が反り上がっていたので、後方重心で足指を使って歩いていないことがすぐにわかりました。

後方重心で歩くと、足の裏を打ちつけるように歩くため、足全体にストレスが蓄積され、だるさや疲れにつながります。

Sさんが長年感じていた足首のだるさもこれが原因でしょう。

後方重心で歩いていると、足指に関係する筋肉が衰え、それを補うために足首やひざなど、さまざまな部位にストレスがかかるので、要注意です。

足首のだるさがなくなり、綺麗な歩き方に！

長年、歩くと足首がだるく感じていました。ボディメイクコンテスト に出場するため、2年前に筋トレをはじめてからも変わらず、足首は常にだるい感じがなくなりませんでした。

審査基準の1つに「ウォーキングを含む身のこなし、見せ方」があり、専属コーチから歩行指導を受けていましたが、いつも腰が下がってペタンペタンと音をさせながら歩いてしまい、ダメ出しをされていました。

歩き方を改善するため、古屋先生のもとを訪れると、先生に「後方重心になっているから、音がするんですよ」と言われ、バスタオルウォーキングを習いました。重心の前方移動を体感し、今までどれだけ重心が後ろになっていたのかに気づきました！　バスタオルウォーキングを続けていると、歩いてもペタンペタンと音が出なくなり、足首のだるさもなくなりました。

さらに、今までは予選大会の入賞どまりだったのですが、バスタオルウォーキングをはじめてから出場した大会では、本選の決勝へ進出することができ、綺麗な歩き方が評価され、とても嬉しく思いました。

ボディメイクコンテスト…鍛えた体を競うコンテスト

古屋先生のコメント

Cさんが歩いているときの姿勢を確認すると、背筋をピンと伸ばすことを意識しすぎたため、胸を前に張り出していました。

胸を張りすぎて肩が骨盤より後ろになってしまうと、かかとに体重が乗りすぎてしまうため、後方重心になってしまいます。

その結果、いつも足指のつけ根部分にストレスがかかり、ウォーキングをすることで、かえって足を壊してしまうことがあります。

Cさんの不調はまさしくこの状態でした。

実際、Cさんと同じような症状で、相談に来られる方は少なくありません。ウォーキングは健康に良いですが、ただ歩けばいいわけではなく、フォームがとても重要なのです。

あきらめていたウォーキングが再び楽しめるように！

（60代・女性・主婦・Lさん）

私は、歩くことが大好きで、地元の「歩こう会」に入って、ウォーキングを楽しんでいました。ところが、数年前から外反母趾の痛みで、歩くことがつらくなり、とうとう「歩こう会」を退会しなければならなくなりました。

古屋先生のもとを訪ねて、歩き方を見てもらうと「胸を張りすぎていますね」と言われました。年をとっているので、背筋を伸ばすことを意識して歩いていたため、先生の指摘にドキッとしました。

先生に「両肩を反らさずに重心を意識して歩くように」とバスタオルウォーキングを指導していただきました。

すると今まで経験したことがないほど、足の指に体重を乗せて歩くことができ、足の痛みもなくなり、「歩こう会」でもう1度ウォーキングを楽しむことができるようになりました。

一時は、ウォーキングをあきらめていたので、とても嬉しいです！

古屋先生のコメント

Eさんの歩き方は、後方重心で、脚が内側に捻《ねじ》れやすくなっていました。

そのため、内側へ捻れる力がひざに伝わり、痛みが出たと考えられます。

脚が内側に捻れる力は、微かな力ですが、ずっと同じ歩き方をしていると、微かな力が積もり積もるため、ひざや腰などの痛みを引き起こすようになるので、注意してください。

また、ゴルフスイングがブレなくなったのは、今までよりも重心が前へ移動し、かかとから足指までしっかり地面に着くようになったことで、体が安定するようになったからでしょう。

ゴルフのスイングが ブレなくなりスコアが上がった

私はゴルフが趣味で、週に1度はコースに出ていました。

ところが、左ひざが腫れて痛むようになり、コースを歩くのもつらくなって困っていました。病院の整形外科を受診すると、水は溜まっていないが、ひざの軟骨がすり減っていると言われました。

しかし、特に治療されるわけでなく、状態も良くならなかったので、もう少し楽に歩けたらと思い、古屋先生のもとを訪ねると、「歩き方に原因があります」と言われて、バスタオルウォーキングを指導していただきました。

おかげで左ひざの痛みはなくなり、さらに良いことがありました。それは、足の指に力が入るようになり、ゴルフスイングがブレなくなって、スコアが上がったことです。

せっかく健康な足に戻ったのだから維持できるように、バスタオルウォーキングを続けたいと思います。

はじめに

私はこれまで、外反母趾《がいはんぼし》や内反小趾《ないはんしょうし》、足裏のタコ、足底筋膜炎《そくていきんまくえん》、かかとの痛み、足指のしびれなどといった、足の不調を抱える方5000人を改善に導いてきました。

一般的に足の不調でまず指摘されるのが、足に合わない靴を履いていることです。しかし、私のもとへ相談に来られる方は、高いお金を出して足に合った靴を履き続けているにもかかわらず、足の不調が改善されないどころか、悪化している人も少なくありません。

私はこうしたクライアントの方々を見ているうちに、**足の不調の原因は靴ではなく、ほかにあるのではないか**と考え、本当の原因を探しはじめました。

ある日、ペタペタと歩き、姿勢が悪くなっている方に歩き方の指導を行ったあと、その方の足の不調が劇的に改善したという経験をしてから、**歩き方の重要性**を認識するようになりました。

そして、足の不調を抱えて訪れる方々の歩き方を今まで以上に細かく検査し、記録を取り、指導していくうちに、ある共通点に気づきました。

それは、**足指を使って歩いていない**ということでした。

足指を使って歩いていないと、**足が退化していきます**。その結果、**足の不調が発症してしまう**のです。

このことに気づいてから、足指を使う歩き方に重点を置いた指導をはじめました。ところが、足指を使うことを意識しすぎて、歩くこと自体がスムーズにいかなくなる人たちが出てきてしまったのです。

正しい歩き方を指導するだけではだめなのかと迷った私は、「足指を使って、スムーズに歩ける方とそうでない方の違いは何か？」、そもそも「なぜ、足指があるのに使っていないのか？」を考え、これまでの記録を見直し、スムーズに歩ける人とそうでない人の特徴を比べてみました。

改めて、当院に来られる方を検査したところ、スムーズに歩けない人はみなさん、重心を後ろに残したまま立ち、足指が浮いていたのです。さらに、歩くときも重心が後ろにかかったままなので、**足指を使っていない**ことがわかりました。重心が後ろにあることを**後方重心**と言います。つまり、**足指を使っていない**根本的な原因は、**後方重心**だったのです。

そこで、**重心を前へ移動（前方移動）するように意識して歩いてもらう**と、みなさん、足指を使って歩けるようになり、**足の不調が改善されていきました**。

重心を前に移動させて歩くと、足の不調が改善されるだけでなく、体の不調にも数多くの効果が見られました。

- **むくみがなくなった**
- **ふくらはぎの張りがなくなった**

- **体が冷えなくなった**
- **疲れなくなった**
- **腰痛が改善した　など**

重心を前へ移動させる歩き方は、意識してもなかなかその感覚を身につけることができません。そのため、私は誰でもかんたんにできる練習法を編み出しました。

それが、本書のChapter 3でご紹介する**バスタオルウォーキング**です。

バスタオル1枚を使って1分間歩くだけで、かんたんに「重心の前方移動」の歩き方を再現できます。

あなたもバスタオルウォーキングで、「重心の前方移動」の歩き方を身につけ、足の不調はては体の不調を改善し、これからの人生を楽しく過ごしてください。

2019年12月　古屋　達司

Contents

Chapter 2

後方重心と歩き方のセルフチェック法

Contents

Chapter 3 バスタオルウォーキングの方法

Chapter 4
健康的な歩き方のために
もっとできること〜上級編〜

本文デザイン　野口佳大
本文イラスト　萩原まお
校正　鴎来堂

Chapter 1

不調の原因は「後方重心」にあった！

あなたは正しく歩けていますか？

本書を手に取られたみなさんは、足の不調にお困りだと思います。

これらを改善する方法は、とてもかんたんです。

それは、**正しく歩くこと**です。

「え!?　毎日、歩いているよー」と思われるかもしれませんが、みなさんの歩き方は、正しいでしょうか？


正しく歩くポイントは、**重心の前方移動**です。

ところが、多くの方がうまくできていません。

さて、みなさんの重心はどこにあるのでしょうか？

両足をそろえて立ってみてください。

肩は骨盤の上にありますか？

それとも、骨盤の後ろですか？

重心が後ろにある方は、**〝後方重心〟**になっていて、正しい歩き方ができていない可能性が高いです。

後方重心とは、かんたんに言うと、**重心が後ろに残っている状態**です。

重心が後ろに残っていると、外反母趾や内反小趾、タコ、巻き爪、ふくらはぎの張り、足の冷え、浮き指、ひざの痛み、足のしびれなど、足の不調が起きるのです。

不調を抱え、私のもとへ相談に来られる方のほとんどが、後方重心になっています。

その方々に、重心を前へ移動させる正しい歩き方をしてもらうと、「えー！　こんなに前のめりで歩くの⁉」と、とても驚かれます。

そして、みるみるうちに足の不調が良くなります。

さらに、むくみがとれたり、疲れにくくなったり、腰の痛みがひいたりと、**体のあらゆる不調も良くなっていく**のです。

正しい歩き方をするようになると、重心が後ろから前へ移動するので、足全体を使って歩くことができ、どこか1点にストレスが溜まることがありません。そのため、足の不調やそれによる体の不調を引き起こす可能性が少なくなるのです。

まさに**「健康は足もとから！」**

後方重心を改善するだけで健康になることをこれからお話ししていきましょう。

そもそも後方重心とは、どのような状態なのでしょうか？

自動車メーカーのＨｏｎｄａが開発した2足歩行ロボットの「アシモ」はご存知でしょうか？

アシモは、ひざと股関節を曲げ、腰を下げて**「足だけ」**で歩いています。これがまさしく**後方重心**です。このとき、重心を前に移動することなく、後ろ側にかけっぱなしです。

アシモは機械なので、強靭《きょうじん》な足腰をしています。そのため、全体重、つまり重心が後ろに乗っかっていても倒れませんが、人間がアシモのように歩くと、とても歩きづらいです（実際マネしてやってみるとわかります）。なぜなら、ひざや腰、股関節に相当な負担がかかるためです。その結果、痛みが起きたり、疲れやすかったり、足指が退化して、足や足以外の不調が起きてしまったりといった症状が出るのです。

私が後方重心であると判断するのは、次の2点です。

- **足指が接地していない**
- **かかとに体重が乗りすぎている**

私たちは普段の歩き方が「普通」だと思っているので、これらの判断基準は感覚としてわかりにくいかもしれません。

そこで、フットルックという、足裏のバランスを測定する装置で、足裏の接地面積や圧力の分布を見てみましょう。

[illegible]は、まっすぐ立っているとき、足と地面が正常に接地している状態と後方重心で接地している状態を表したものです。

正常だと、かかとから足指までしっかりと接地しています。

一方、後方重心だと、かかとから足指のつけ根までは、しっかりと接地していますが、**足指はまったく接地していない**ことが明らかです。

このとき、**足指のつけ根にはストレスがかかっています**。

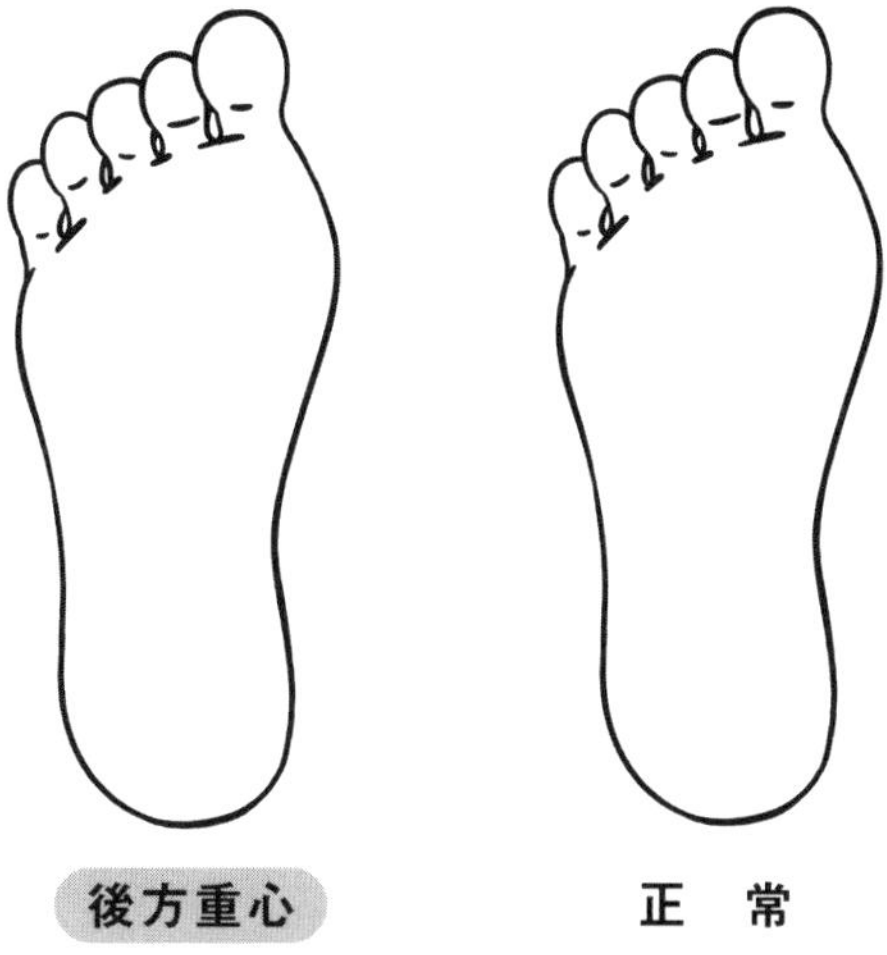

本来、まっすぐ立っているときの**人間の正常な重心の位置は、重心線上にあります**（図2）。

しかし、重心や重心線は、ちょっとした姿勢の違いで複雑に変化するため、本書ではまっすぐ立っているときの重心線を基準に、**重心（イラストの●部分）が重心線より後ろにある状態を「後方重心」としています**。

正しく歩く上で重要な要素のひとつは、**「足指が体重を支える」**ことです。

本来、人の歩き出しは、**かかとを床に着けるところからはじまります**。このとき、床とかかとが接した点が支点となって、かかとの回転と同時に重心も前へ移動しはじめます。

続いて、足裏が接地し、かかとが地面から離れ、足指のつけ根に体重が移動し、その後、つけ根を軸にして、足指の先まで体重が移動し、足の甲が前へ回転します（これを**ロッカーファンクション**と言います。詳しくは60ページに後述）。

図2 まっすぐ立っているときの正常時と後方重心時の重心の位置

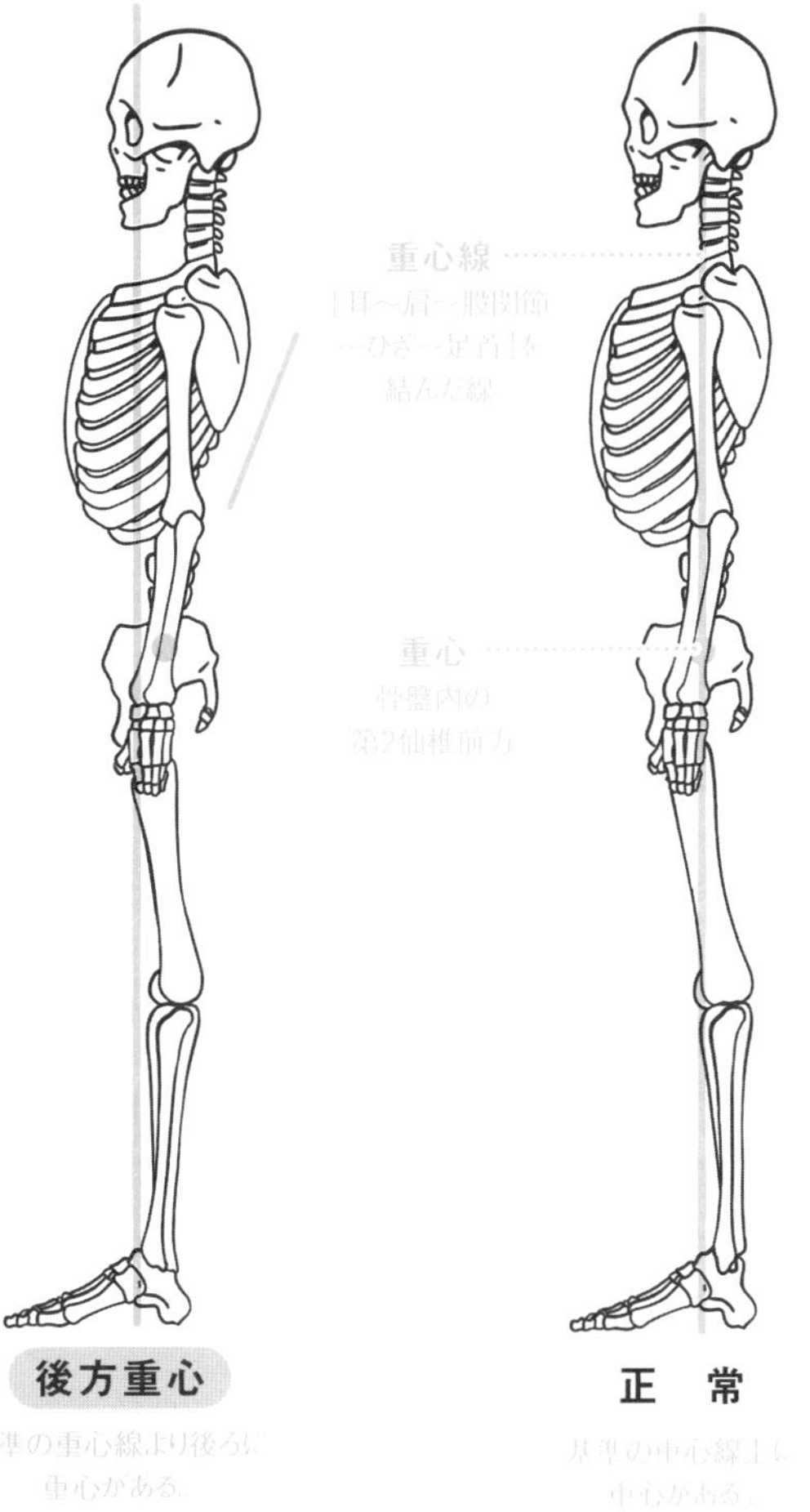

重心線
「耳〜肩〜股関節〜ひざ〜足首」を結んだ線
重心
骨盤内の第2仙椎前方
後方重心
基準の重心線より後ろに重心がある。
正　常
基準の重心線上に重心がある。

重心が後ろに残っていると、重心の前方移動が不十分になってしまいます。

そのため、足指まで体重が移動せず、足指のつけ根で体重が止まってしまうのです。

足指で体重を支えていないと、**足が退化していきます**。

なぜ、歩いているのに足が退化してしまうのか、逆立ちを例にお話ししましょう。

逆立ちをイメージしてみてください。

逆立ちは、手のひらから指先までをしっかり地面に着けて、バランスを取りながら体を支えますよね。

実はこのとき、手指はまっすぐ伸びたままですが、手指を握る筋肉が働いて地面を押さえて体を支え、安定させているのです。

もし、手指のつけ根までしか地面に着けずに逆立ちをしていたら、手指を握る筋肉は働かず、さらには腕に負担がかかってきます。

想像するだけでつらいですよね。でも、この状態が後方重心で立っている際に足で起きているのです。

足指のつけ根で重心の移動が止まってしまうと、**足指を使えていないので、足指を握る筋肉が働かず、どんなに歩いていても衰えてしまい、ひざや腰などの痛みを引き起こすのです。**

足にあるアーチが崩れると足が退化する!?

足の退化について、今度は足のしくみの観点からお話ししましょう。

足には、両方合わせて56個の骨があります。さらに骨のまわりには靱帯《じんたい》や腱、筋肉がついており、これらで3つのアーチがつくられています（図3）。

アーチは、**内側縦アーチ・外側縦アーチ・横アーチ**があり、私たちの体重を支え、地面からの衝撃を吸収します。中でも横アーチは、足の親指のつけ根と小指のつけ根を結んでおり、このアーチが崩れると外反母趾をはじめとした足の痛みの原因になります。

この横アーチを保つために、足の甲には5本の中足骨と横アーチ筋（背側骨間《はいそくこつかん》筋《きん》）があります。横アーチ筋は、足の人差し指から薬指までの指を広げたり曲げた

図3 足のしくみと3つのアーチ

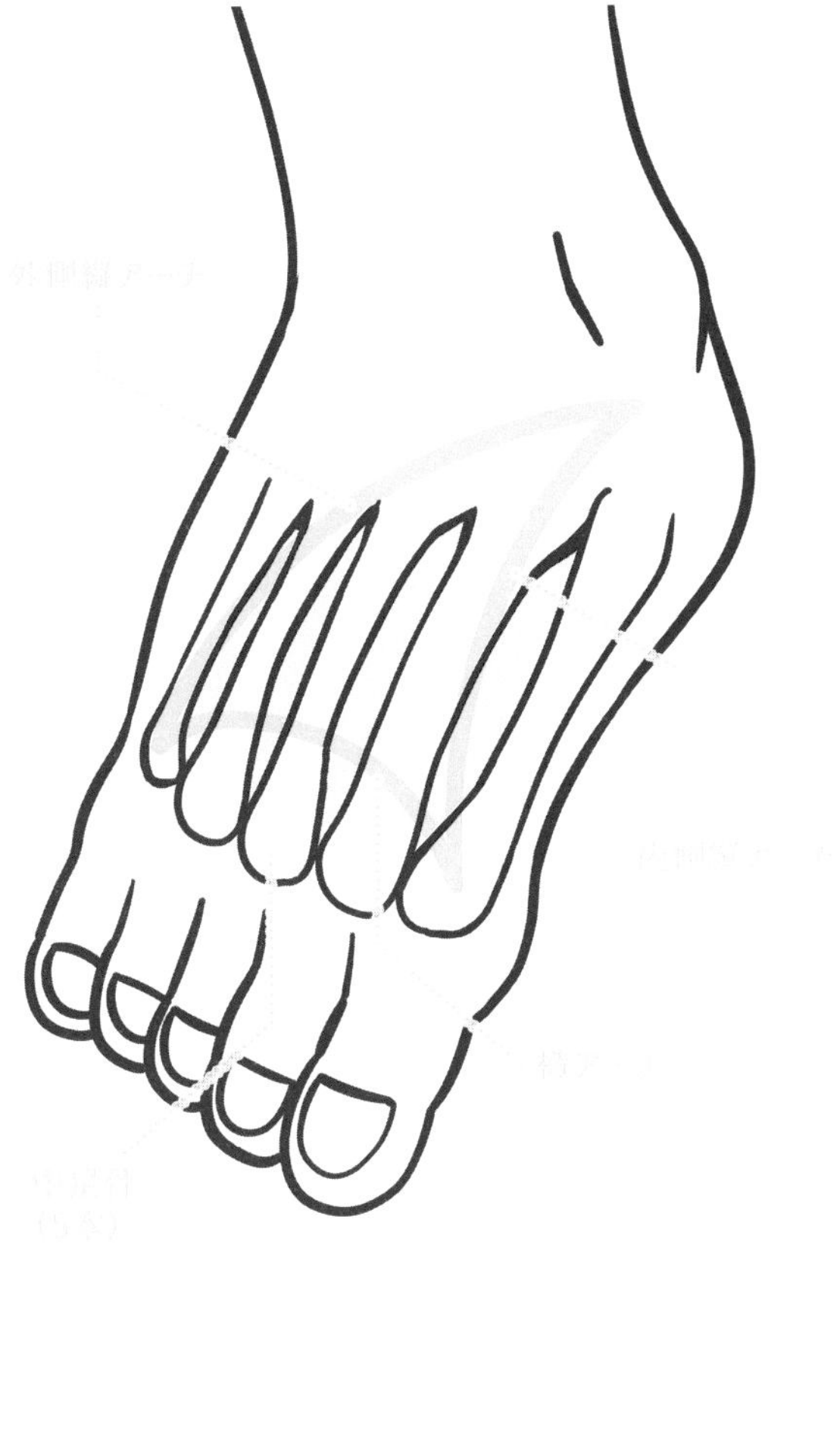

りするための筋肉です。

この筋肉が衰えると、５本の中足骨のつながりが緩み、体重や地面からの衝撃に耐えられず、横アーチが崩れていくのです。

足指を使って歩いていないと、横アーチが崩れて足の機能が衰えたり、痛みが出ます。

また、足指の筋力が衰えているため、踏ん張りがきかない・バランスを崩しやすい・靴の中で足が前に滑るなどの現象が起こり、足や体にさらにストレスが蓄積されていくのです。


２０１８年９月に公表された厚生労働省の調査によると、成人の一日あたりの平均歩数は、男性で６８４６歩、女性で５８６７歩でした（出典：平成29年国民健康・栄養調査報告）。

この結果のように、私たちは毎日、何千歩も歩いています。**正しい歩き方でこれだけ歩くと横アーチ筋が「筋トレ」をしていることになるので、足指が衰える**

ことなく、健康になれます。

正しくない歩き方では、どれだけ歩いても**〝足が退化する〟**ので、**歩き方を正すことがとても大切**なのです。

足や体の不調もこれで改善！
正しい歩き方とは？

「人間の歩き方で重要な要素のひとつは、**足指が体重を支えること**」とお話ししました（詳しくは36ページ参照）。つまり、正しい歩き方とは、体が前へ進むのに合わせて、体重が「❶かかと→❷小指のつけ根→❸親指のつけ根→❹親指」の順番で移動することなのです（図4）。

これを、**「あおり歩行」**と言います。あおり歩行をすると体重がしっかりと足指の先まで移動するので、私のもとへ相談に来られる方にも指導しています。

ただし、体重移動だけを意識して歩こうとすると、小指や親指のつけ根までしか体重が移動できず、かえって足指のつけ根に負担がかかり、痛みやタコが発症してしまうなんてこともクライアントさんを見ているとよくあります。

歩くときには、足裏の体重移動ではなく、**「重心を前へ移動させる」ことを意識して、体全体で歩くようにしてください。**

正しい歩き方ができるようになると、足の不調や体の不調が良くなるとお話ししましたが、なぜ重心を前方移動させると良いのでしょうか。

ここでは大きく3つの観点でお話ししていきます。

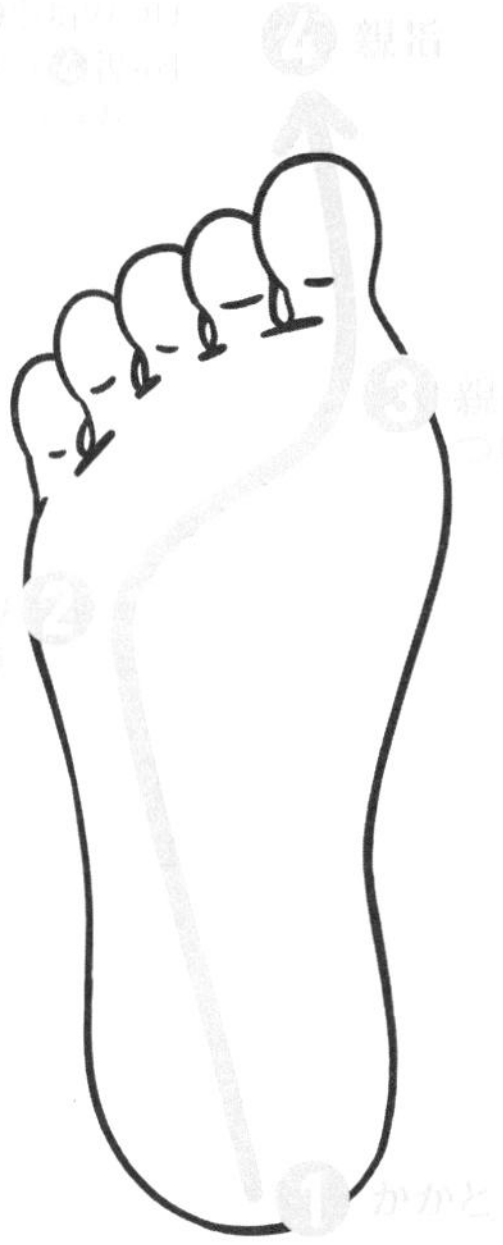

1. ……足の不調が改善する

後方重心で歩くと、体重の移動が足指のつけ根で止まってしまいます。そのため、**足指のつけ根が体を支える点（支点）となり、足指の代わりに全体重を常に支えなければなりません**。この歩き方を続けると、**足指のつけ根にストレスが蓄積されていきます**。

その結果、足の痛みやタコなど、足の不調が起きるようになるのです。インソールや靴を替えても足指のつけ根の痛みがとれなかったり、タコを削ってもすぐに元に戻るのは、後方重心で歩くことを続けているからです。

重心を正しく前方移動することで、足指のつけ根が**「支点」**ではなく、**「通過点」**になり、ストレスが蓄積されなくなるので、**足の痛みやタコの問題は解決されます**（　）。

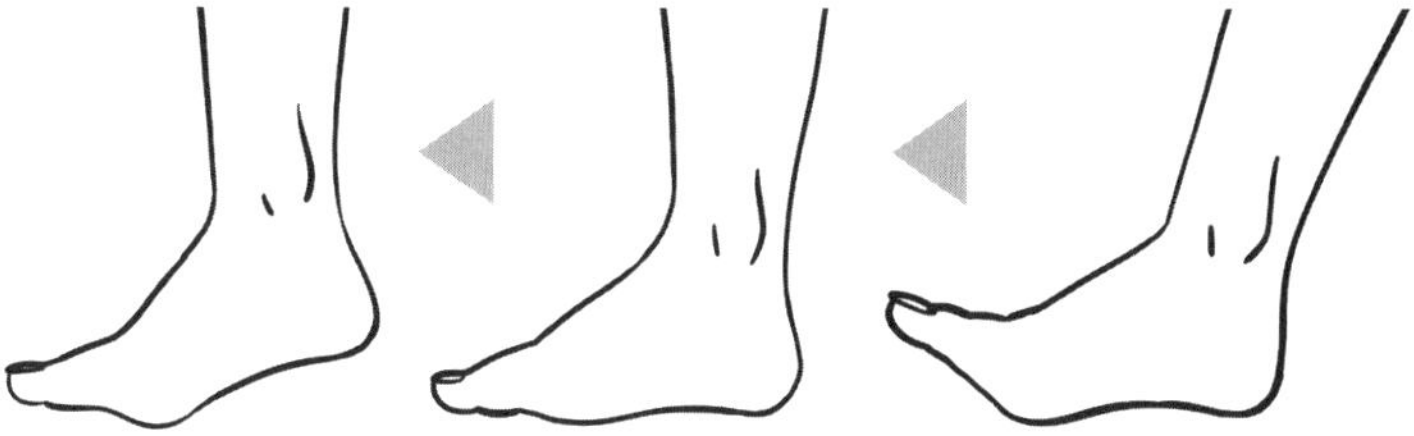

足指のつけ根を支点にして歩く

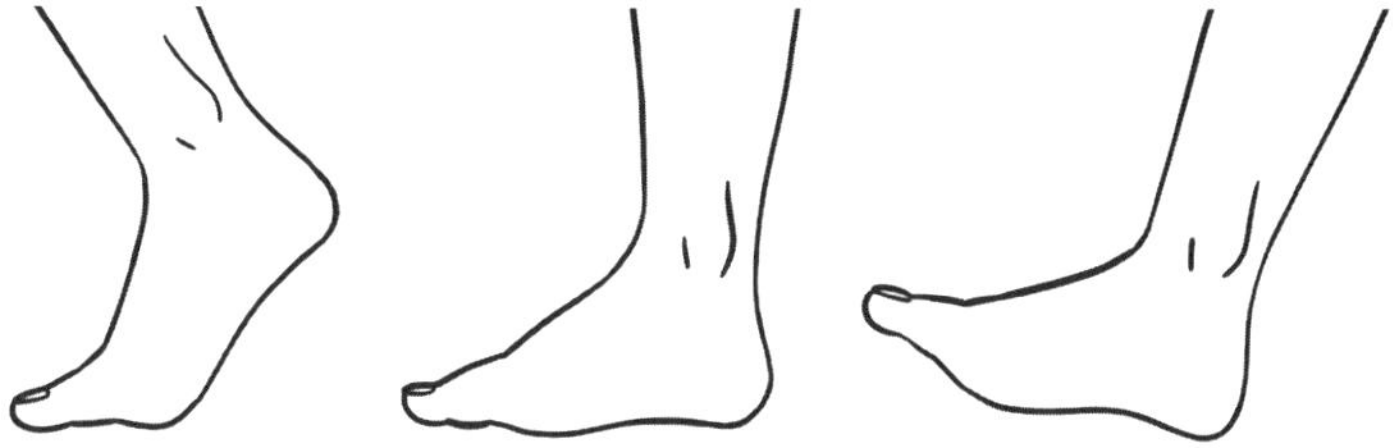

足指のつけ根を通過点にして歩く

2.……足やひざ・股関節の痛みが改善する

正しくない歩き方になる原因のひとつに、**地面を蹴り出す瞬間に足が内側に捻れて「土踏まず側に足が傾く」過回内《かかいない》という現象があります。**

この過回内は、外反母趾や下肢スポーツ障害（シンスプリント・ランナーズニーなど）の原因と指摘されており、本来は足の関節の構造上の問題とされています。

しかし、足の関節には問題がないのに、過回内で歩いている方も多くいます。こうしたクライアントさんを数多く見る中で私は、**後方重心で歩いている**ことが大きな原因だと考えるようになりました。

後方重心の方は、あおり歩行ができないため、足裏の移動が足指のつけ根で止まってしまいます。

そのため、**「親指」を使わずに「親指のつけ根」で地面を蹴り出す瞬間、足が内側に捻れて、過回内が発生するのです。**

歩いているときに足が内側に捻れると、**「足関節→下腿部→ひざ関節→大腿部→股関節」の順に、内旋《ないせん》という内側への捻れの力が伝わっていきます**（）。

この捻れの力は大きくはありませんが、毎日、何千回、数十年間も捻れをくり返していると、足首やひざ関節にストレスが蓄積され、外反母趾や下肢スポーツ障害（シンスプリント・ランナーズニーなど）を含む足・ひざ・股関節などに不調が起きます。

バスタオルウォーキングをすると、足裏の接地面が親指のつけ根で止まらず、親指まで移動できるようになるので、足の内側への捻れがなくなり、不調も改善されます。

バスタオルウォーキングを行った外反母趾の方で、変形はまだ改善していないのに、今まで痛くて履けなかった靴が履けるようになるケースが少なくありません。

歩くときの足の内側への捻れがなくなり、親指のつけ根が靴に当たらなくなるためです。

図6 内側への捻れの力の伝わり方

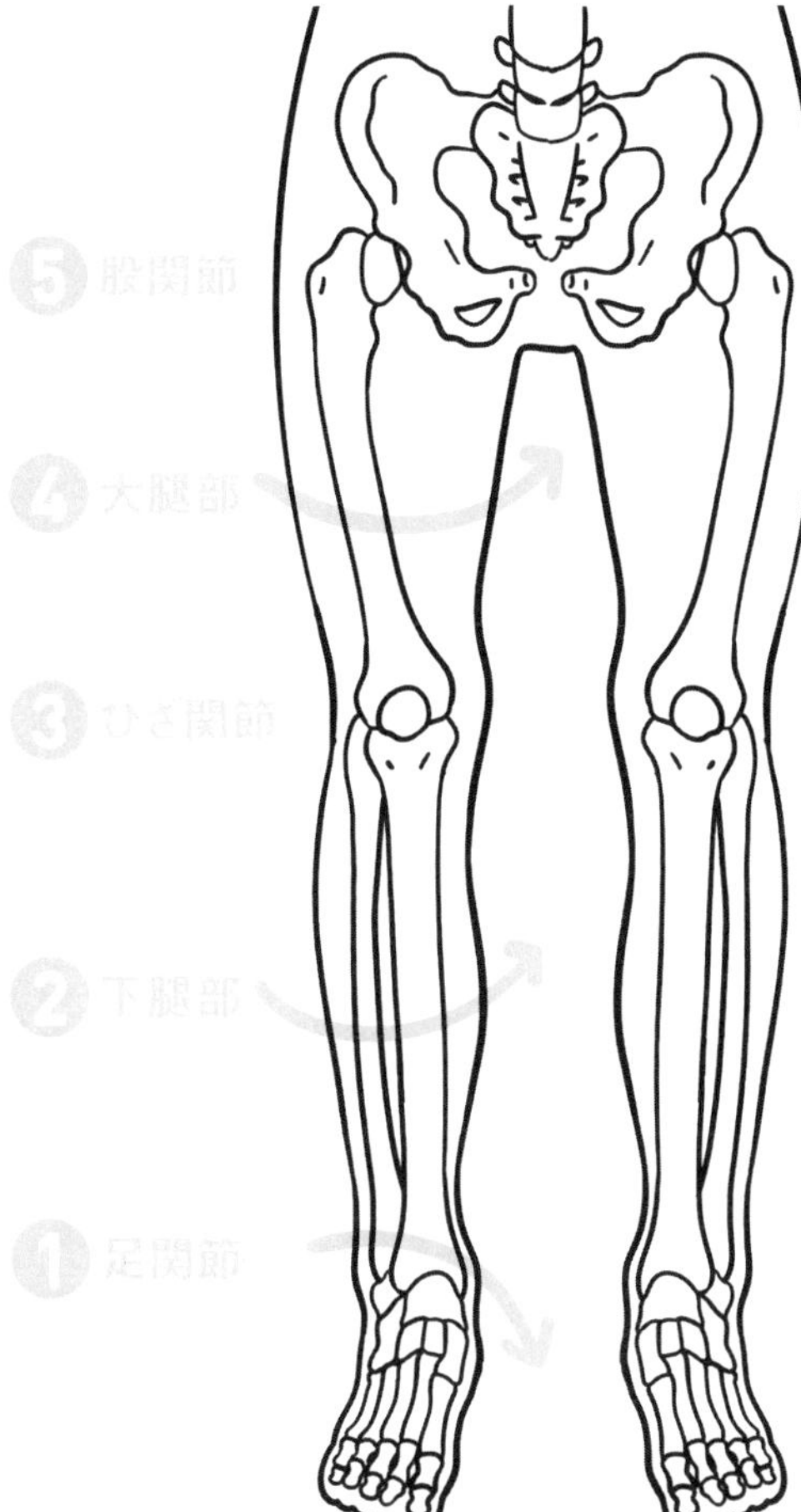

3. 体がスムーズに前へ進める……歩くのが速くなる・疲れにくくなる

まっすぐ立っているとき、重心は骨盤内の第2仙椎の前方にあり、いちばん高い位置にある状態（図7のまん中のイラスト）ですが、動くと重心の位置が移動します。

歩いているときは、重心が高い位置から低い位置へ移動をくり返します。それによって体が前へ進む力（推進力）を得られるのです（図7）。

足裏全体が地面に着いたときに、重心がいちばん高い位置にある状態が理想ですが、後方重心の場合、重心が後ろに残るので、重心がいちばん高い位置に達しません。そのため、重心の前方移動が遅れ、前へ進む力（推進力）を十分得ることができないと、歩くのが遅くなったり、疲れやすくなるのです。

重心を正しく前方移動して歩けるようになると、足の運びがスムーズになり、自然と体が前に進むようになります。

図7 歩いているときの重心の位置の変遷

足裏全体が地面に着いたときに
重心がいちばん高い位置にある状態が理想

4. 足指の筋力が鍛えられる……浮き指が改善する

後方重心で「足指を使って歩いていない」と、足指の筋肉が衰え、次第に退化していきます。

「毎日、歩いているのに⁉　歩くのも運動ではないの？」と思われるかもしれません。

走る・跳ぶ・しゃがむ・止まる・方向を変えるなど、さまざまな動作を行う運動であれば、その動きに対応して体を支えるために足指を使う必要があります。

歩いているときは、平坦な道を進むため、体のバランスを保つ必要がほとんどなく、足指が退化する恐れがあるのです（詳しくは144ページに後述）。

退化した足指は、だんだんと浮き上がってくるため**「浮き指」**と呼ばれています。

最近は、大人だけでなく、子どもにも多く見られ、都内のある小学校の調査では、**浮き指の児童が、全体の80％を占めていた**という報道もありました。

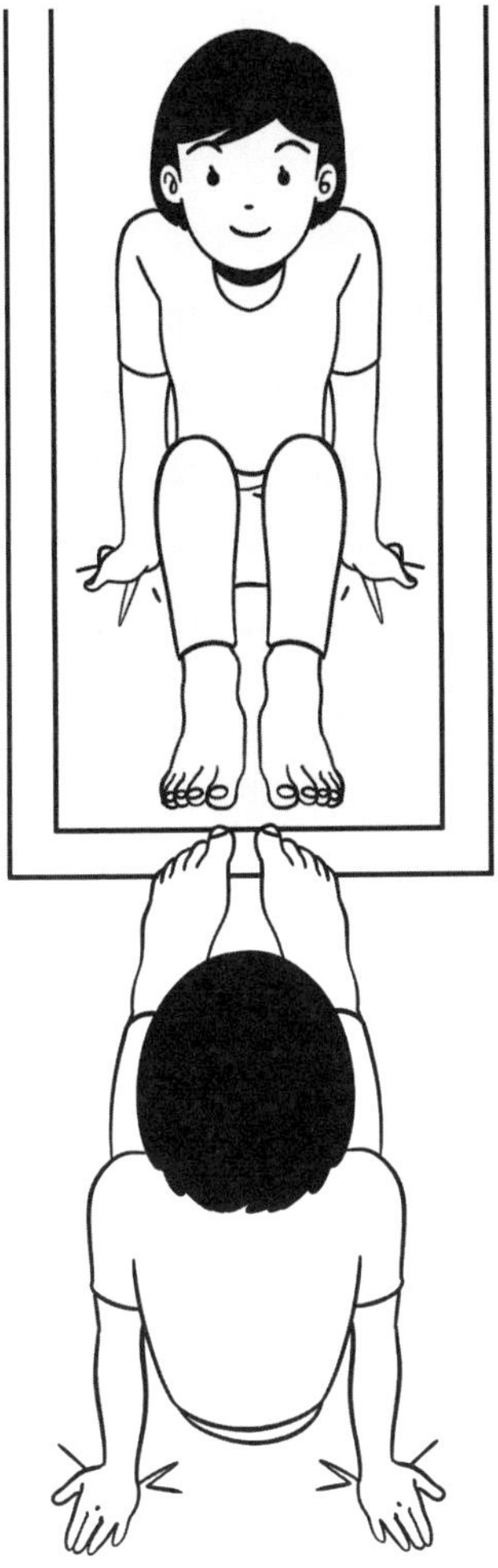

“浮き指”の見極め方

1. **裸足になって鏡の前に座る**
2. **ひざを伸ばして足指のつま先を見る**

人差し指から小指までの4本の指が、親指よりも少しでも高い位置にあると、“浮き指”です。

私のもとにも、足の不調を抱えたお子さんが来院されますが、必ずと言っていいほど浮き指があり、歩き方をチェックすると、後方重心で歩いているのです。

子どもの頃から浮き指があるということは、すでに足指の退化がはじまっているということです。

早いうちから足指が退化すると、その分、足の不調が早い時期から発症したり、ケガをしやすかったり、パフォーマンスの低下につながる可能性が大きくなります。

できるだけ早く重心の前方移動を身につけ、正しい歩き方で歩くようにしましょう。

ハスタオルウォーキングで重心が前方移動できる

みなさんは「重心の前方移動を意識して歩きましょう」と言葉だけで説明されて、どのように歩けばいいのかイメージできますか?

私のもとへ相談に来られる方に、「後方重心の状態なので、重心を前へ移動させて歩いてください」とお伝えし、**意識をして歩いてもらっても、みなさん、重心が後ろに残ったままでした**。

そのため、後ろから背中を押しながら一緒に歩き、「これが重心を前へ移動させている状態なんですよ」とお伝えしていました。

しかし、これではクライアントさんがご自身で重心を前方移動させる感覚を身につけることができません。

そこで、1人でも重心を前方移動できる方法を編み出そうと思ったのです。

そもそも**人間の「歩く」という行為は、足を交互に前へ出し、足を地面に着け、足指で地面を蹴ることのくり返しと重心移動の組み合わせです**。人間がまっすぐ**立っているとき、重心は骨盤内にある**ため、「骨盤を引っ張りながら歩けば、重心の前方移動の感覚がわかるのではないか」と、あらゆるものを使って試し、バスタオルが最適であることがわかりました。

バスタオルウォーキングでは、骨盤を包み込みながら引っ張るため、重心の前方移動が自然に起きます。

そのため、足指を使った正しい歩き方ができるようになるのです。

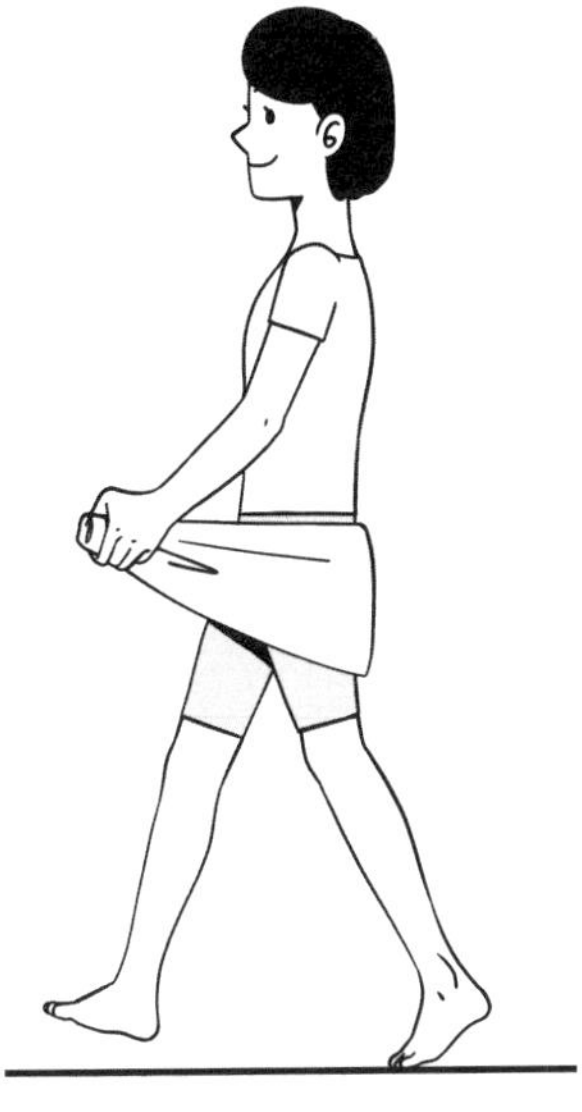

Column

ロッカーファンクションについて

「体に不調を起こす『後方重心』とは何か？」（33ページ参照）の中でもお話ししましたが、正しい歩き方を身につけるためには、重心の前方移動を支える**ロッカーファンクション**を機能させる必要があります。

ロッカーファンクションとは、人が歩くときの足の動きのことを言います。次の３つの回転運動をくり返すことで歩けるのです。

- **ヒールロッカー**
- **アンクルロッカー**
- **フォアフットロッカー**

あおり歩行では、歩きはじめるときに足裏の**かかとから接地します**が、これを**ヒールロッカー**と言います。

このとき、かかとと地面の接した部分が支点となって、かかとが前へ回転し、重心も前へ移動しはじめます。
かかとが丸いのは、ヒールロッカーを効率よく行うためです。

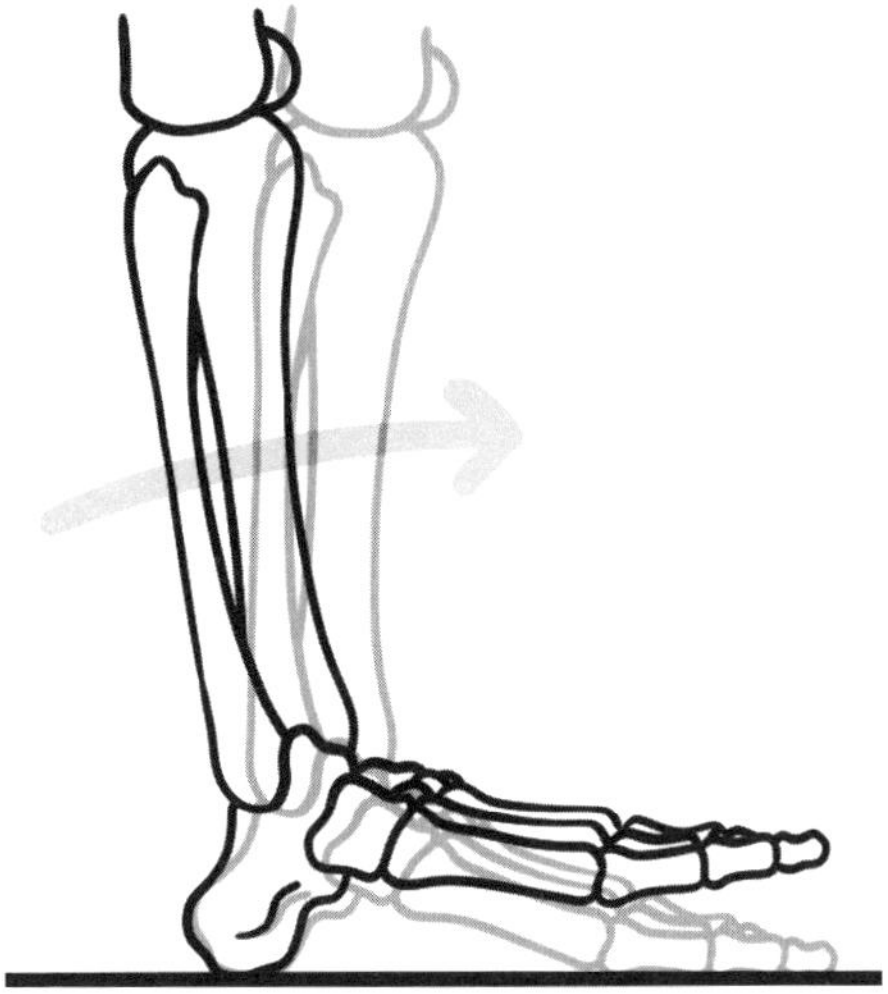

ヒールロッカー

続いて、重心の移動と共に足裏が接地します。この動き（回転）を**アンクルロッカー**と言います。

このとき、足首（足関節）を中心に足が回転します。

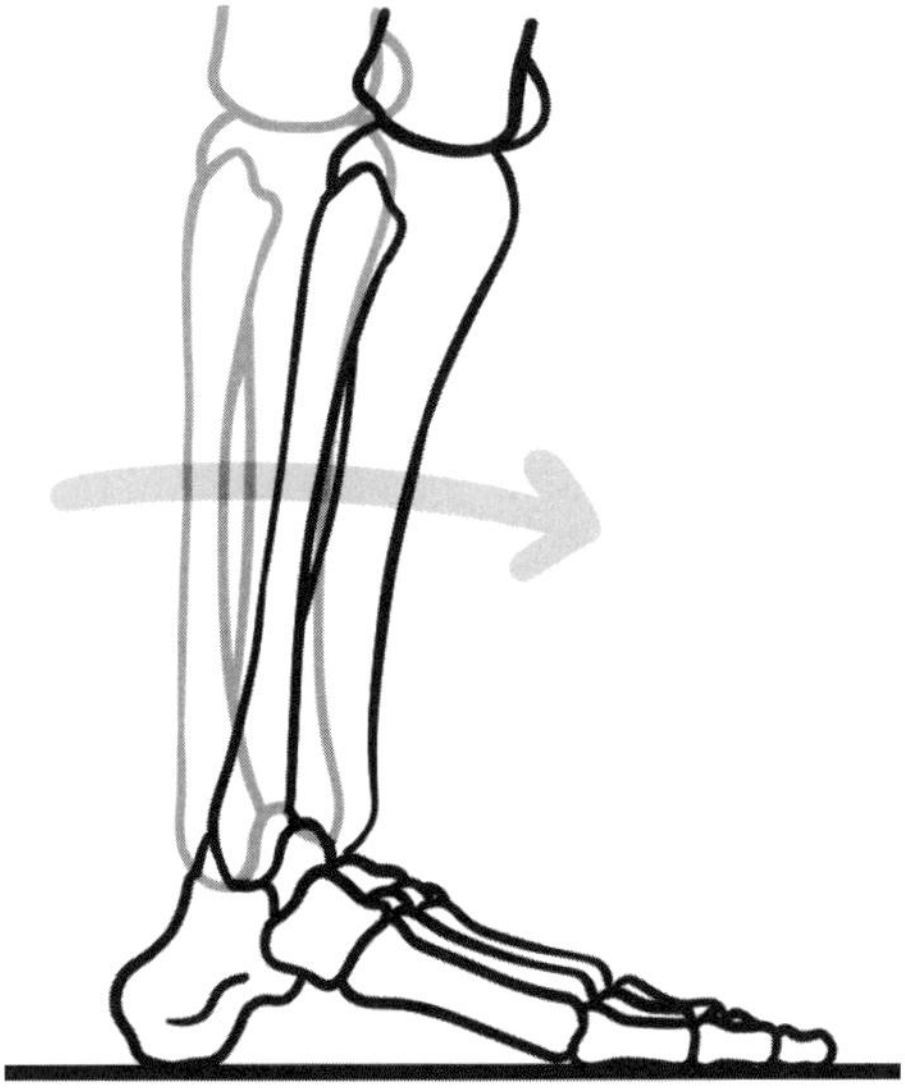

アンクルロッカー

- 足関節を軸とした回転運動
- 重心がいちばん高い位置に到達

最後に、かかとが地面から離れます。この動き（回転）を**フォアフットロッカー**と言います。

このとき、足指のつけ根を中心に足が前へ回転します。

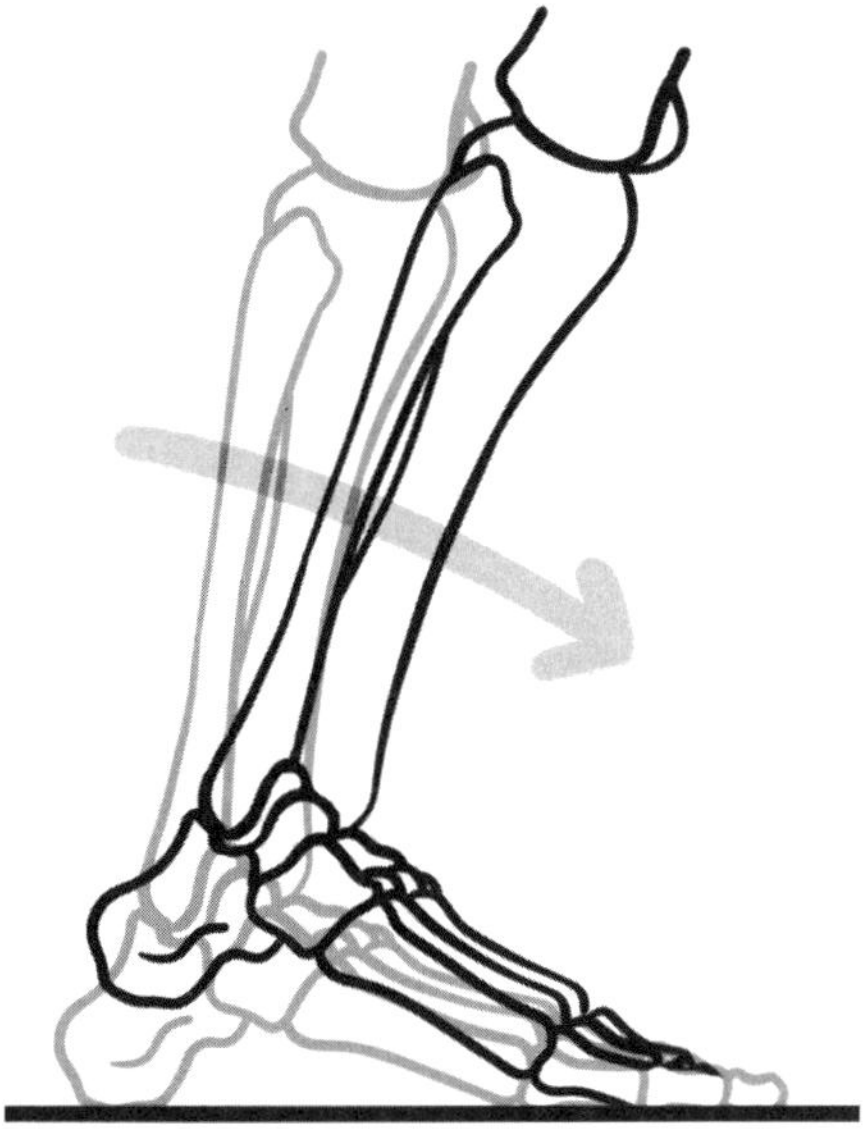

フォアフットロッカー

- 足指のつけ根を軸とした前方向への回転運動
- 重心がさらに前へ移動

後方重心の場合、アンクルロッカーでの重心の前方移動が遅いので、フォアフットロッカーの回転が不十分になり、体重が足指まで移動しないのです。

そのため、足指のつけ根にストレスが蓄積され、**あおり歩行ができなくなってしまいます**。

ロッカーファンクションの最も重要な目的は、**重心の前方移動をサポートすること**です。しかし、重心が自ら前へ移動しないと、支点である足の回転も連動しないため、ロッカーファンクションは十分機能しないのです。

バスタオルウォーキングをすると、重心の前方移動がスムーズになるので、相乗効果によって、ロッカーファンクションの機能も向上し、正しい歩き方を身につけることができるようになります。

Chapter 2

後方重心と歩き方のセルフチェック法

後方重心かどうかチェックしよう！

ここまで、後方重心と重心を前方移動させる歩き方についてお話ししてきました。
あなたの歩き方が「後方重心」になっていないかチェックしておきましょう。
次ページのチェック表を使って試してみてください。
チェックは、鏡の前に立って裸足で行いましょう。

後方重心チェック表

項目	症状・状態	
1. 足指が床に着いていない	目をつぶり、床の上に立ったときに、足指が浮いて床に着いてない	15点
2. 後ろに反って立っている	立っている姿を横から見たとき、肩が骨盤より後ろにある	15点
3. 浮き指がある	ひざを伸ばして座り、つま先を見ると、人差し指から小指までの4本の指が親指よりも高い位置にある	15点
4. 足裏にタコがある	足指のつけ根に皮膚の角質化が進行したもの（タコ）がある	15点
5. 反り母趾がある	ひざを伸ばして座り、つま先を見ると、親指の先端が反り上がっている	10点
6. 親指のつけ根が太い	足を横から見ると、親指のつけ根の骨が丸く膨らんでいる	10点
7. 足音がうるさい	第3者から「足音ですぐわかる」と言われる 歩いているときにペタペタと音が出る	5点
8. 朝の歩きはじめて足裏が痛む	朝起きて床に足を着いた瞬間から足の裏に痛みが出る	5点
9. ふくらはぎがパンパンに張る むくみやすい	ふくらはぎが常に張っている マッサージをしても改善されない 立っているとすぐにむくむ	5点
10. 歩く速度が遅い	家族や友達と歩いていると、自分だけいつも遅れる 後ろから来た人によく抜かれてしまう	5点
合計		100点

上のチェック表で当てはまった項目の点数を足してください。
合計点からあなたの後方重心の度合いが判定できます。

さて、あなたの合計は何点だったでしょうか？

0～5点…後方重心度0％

後方重心ではありませんので、安心して今までの歩き方を続けてください。

10～25点…後方重心度30％

初期の後方重心です。足の不調などはまだあらわれていないと思いますが、重心が少し後ろになる傾向があるので油断は禁物です。

30～45点…後方重心度50％

軽度の後方重心です。すでに軽度の足の不調が出ているのではないでしょうか？　このままでは足の退化が進行していく可能性が大きいです。健康的な足を維持できるように、バスタオルウォーキングで早く歩き方を変えましょう。

50〜65点…後方重心度70％

中程度の後方重心です。日常生活の立つ・歩くという動作で足指を使えていないので、足の退化がかなり進行していると思われます。足の退化がこれ以上進まないようにバスタオルウォーキングで早く歩き方を変えましょう。

70点以上…後方重心度100％

重度の後方重心です。足だけでなく、ひざや腰にも大きな負担がかかっているはずです。痛みを改善させるためにも、バスタオルウォーキングで早く歩き方を変えましょう。

今回、後方重心の度合いが高かった方は、バスタオルウォーキングを1週間行ったあと、もう1度、チェック表を使って合計点を出してみましょう。きっと後方重心が改善されているはずです。

体に不調を招く“やってはいけない歩き方”

セルフチェックでは、どの程度の後方重心だったでしょうか？

点数が低かった方でもここでご紹介する歩き方をされている場合は、正しく歩けていないので、確認してみてください。

1．ペンギンのような「ペタペタ歩き」

特徴

● よく「ペタペタ歩いている！」と言われる
● 靴底が全体的に擦り切れるのが早い

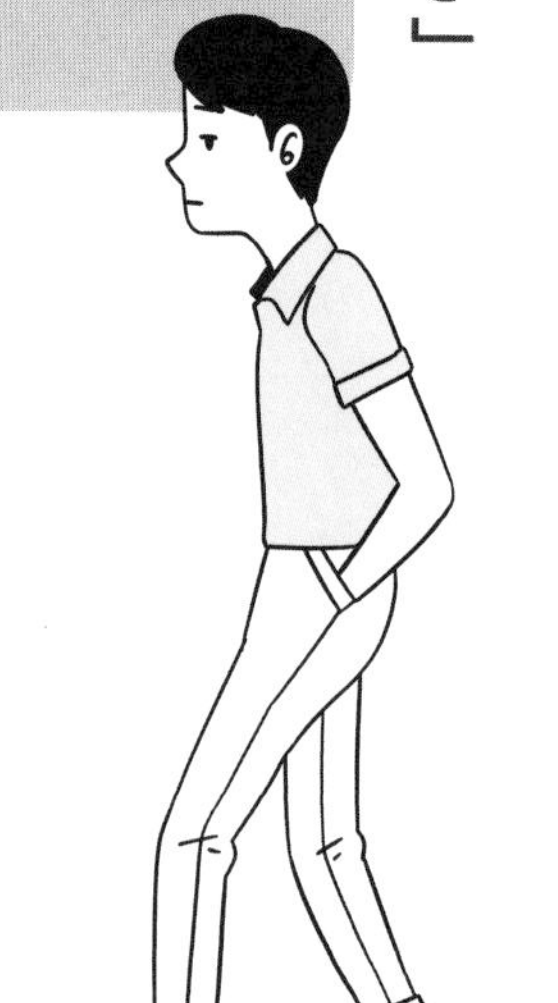

●何もないところでよくつまずく
●歩幅が小さい
●雨の日、激しく泥がはね上がる

ペタペタ歩きは、かかとからではなく足裏全体をいきなり接地しているため、ペタペタと音が出やすくなります。体重移動が足指のつけ根で止まってしまう〝やってはいけない歩き方〟です。

地面からの衝撃を足裏がダイレクトに受け続けるので、そのまま足・ひざ・股関節・腰へと伝わり、ストレスが蓄積され、**足底筋膜炎《そくていきんまくえん》という足裏の慢性的な痛みが発症したり、各関節に痛みが発症するケースがあります。**

2. 女性によく見られる「内股歩き」

特徴
- つま先が内側を向いている
- 靴底の内側だけが削れている
- ひざの皿が正面ではなく、内側を向いている

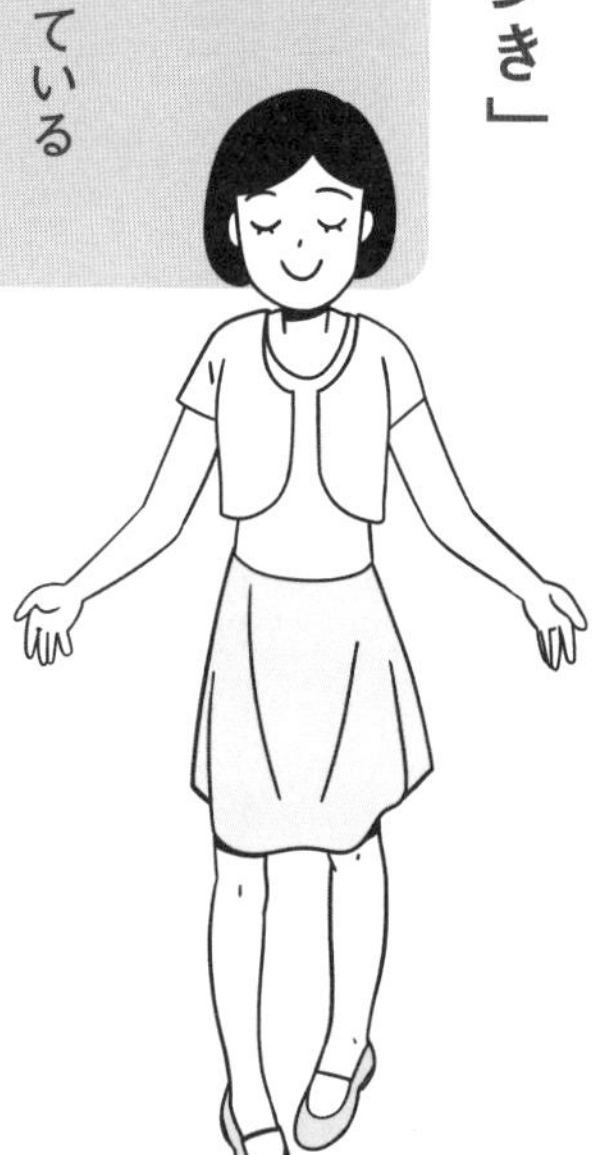

内股で歩くと**つま先が内側を向く**ため、親指に体重が移動しやすくなります。

しかし、完全に親指の先まで体重が移動すると、内側を向いた足どうしがぶつかってしまうので、**無意識に体重移動を親指のつけ根で止めて歩くことになり、あおり歩行をすることができない**のです。**内股歩きは、足指に負担がかかる、"やってはいけない歩き方"**です。

3. チャップリンのような「外股歩き」

特徴

- つま先が常に外側を向いている
- 靴底の外側だけが削れている
- ひざの皿が正面ではなく、外側を向いている

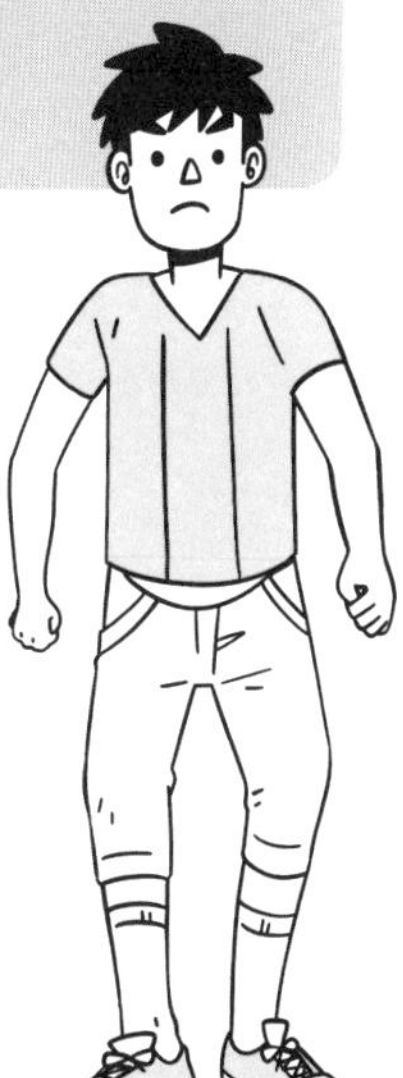

喜劇俳優チャールズ・チャップリンといえば、つま先を大きく外側に向けてドタドタ歩く外股歩きで有名です。

外股歩きは、つま先が常に外側を向いているため、**足裏の体重移動が小指のつけ根で止まりやすく、あおり歩行ができません**。小指にストレスがかかり、さらに靴に圧迫されるので、**小指のつけ根にタコができたり、内反小趾が発症します**。

体重が小指のつけ根を通過しても、結局、親指のつけ根で止まるので、外反母趾やタコが発症します。

4. 姿勢を気にすることで起きる「胸張り歩き」

特徴

- 背筋を伸ばすことを意識して歩いている
- 胸を張って歩いている
- 猫背など、姿勢の悪さを常に意識している
- 子どもの頃に正しい姿勢をしつけられて育った
- バレエ、ダンスの経験者である
- 大股で歩いている
- 肩で風を切って歩いている

よく「背筋を伸ばして歩きなさい」と言われます。

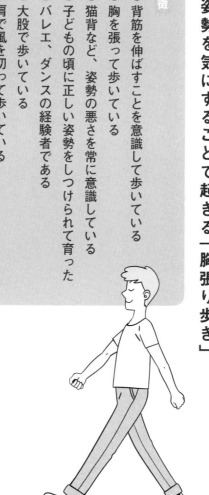

背筋を伸ばした姿勢は、綺麗に見えますが、背筋を伸ばすことを意識しすぎるあまり、胸を張りすぎている人が少なくありません。

胸を張りすぎて、肩が骨盤より後ろになってしまうと、かかとに体重が過剰に乗り、後方重心になってしまいます。**後方重心の状態で歩くと、重心を前へ移動できないため、足指までしっかり体重移動ができません**。これも〝やってはいけない歩き方〟です。

正しい姿勢を意識しすぎて、過剰に胸を張りすぎることは要注意です。

5. 体が上下する「背伸び歩き」

特徴

- 歩くとき、異様に頭が上下してしまう
- つま先立ちで歩いている
- ふくらはぎがよく張る、つりやすい

「足指を使って歩いてください」とお伝えすると、足指に必要以上に力を入れてしまい、その結果、背伸びをして頭を上に突き出すようにして歩く方がいらっしゃいます。これが**背伸び歩き**です。

足指を使うことを意識しすぎて、無理に力を入れるために、体が上下に動いてしまい、**体がグラグラと不安定になるのです。**

6. 体が左右に揺れる「横ブレ歩き」

特徴

● 人混みの中ですれ違う人と肩がよくぶつかる
● O脚になっている

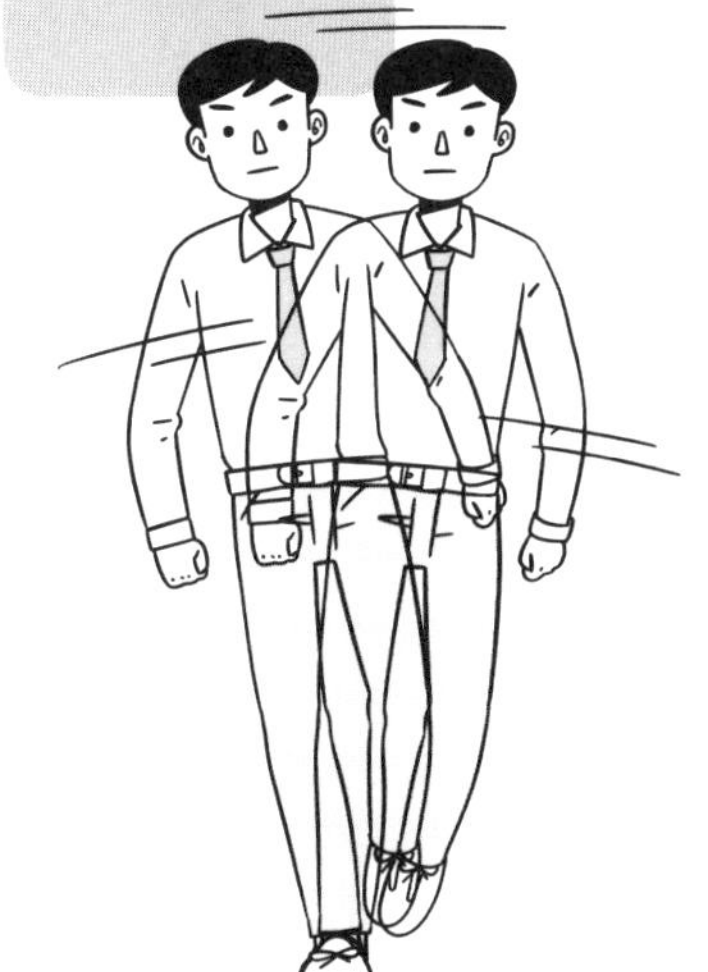

横ブレ歩きは、上半身が歩くたびに左右に揺れてしまう歩き方です。足指が使えていないと足が接地するときに不安定になるので、重心が前でなく左右の足の方向（横）へ移動してしまうため、体が横にブレるのです。
人間の足やひざの関節は前後に動くようになっていますが、左右の動きに対応する構造にはなっていないため、**横ブレ歩きを続けているとO脚になったり、ひざの内側や足首の外側にストレスが蓄積されて、痛みが出やすくなります。**

7．1本線の上を歩く「モデル歩き」

特徴

- **歩いていると足どうしがぶつかる、もつれる**
- **1本線の上を意識して歩いてしまう**

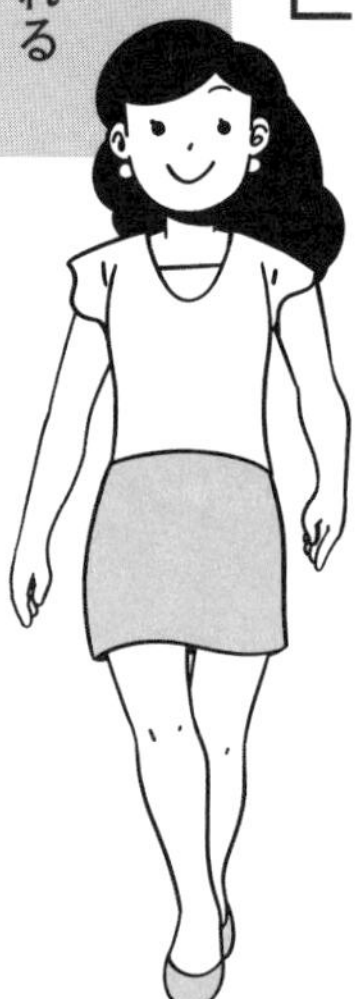

時々「ファッションショーのモデルさんのように1本線の上を歩くのと、2本線の上を歩くのとどちらが良いのでしょうか？」という質問を受けることがあります。

結論は**「2本線の上を歩く」**です。

モデル歩きは、ファッションショーだからこその「魅せる歩き方」であって、決して正しい歩き方ではありません。

1本線の上を歩こうとすると、左右の足が交互にクロスするため、2本線の上を歩くときと比べて重心が前に移動しづらくなるからです。

＊＊＊

セルフチェックで「後方重心」や「やってはいけない歩き方」に該当した方は、Chapter 3でご紹介するバスタオルウォーキングを試して、重心の前方移動を身につけましょう。

バスタオルウォーキングを実際に体験していただくと、いかに自分が「後方重心」で「正しくない歩き方」をしているのかを感じられるはずです。

Column

運動会の「行進歩き」

行進歩きは、運動会などで見られる行進に似ている歩き方です。以前、両足首の痛みで来られたFさん（40代・男性）の歩き方が、まさに行進歩きでした。

行進歩きは、後方重心のままでひざを曲げながら足を上げ、足裏全体で地面に着きます。そのため、あおり歩行ができず、地面からの衝撃を足裏から足首やひざへまともに伝えるので、足の不調につながります。

Fさんによると、インターネットでは「正しい歩き方」として公開されていたため、実践していたそうです。私は行進歩きのデメリットを説明して、バスタオルウォーキングを指導しました。

Fさんは1週間後には両足首の痛みはほとんど消失し、「歩き方でこれだけ変わるものなのですね！」とたいへん驚かれていました。

行進歩きを続けていると、ひざや腰に痛みが出るので、断じておすすめしません。

Chapter 3

バスタオルウォーキングの方法

さあ、バスタオルウォーキングをはじめよう！

実際に、バスタオルウォーキングをしていきましょう。

バスタオルウォーキングは、「重心を前方移動させて歩く」ことが身につくトレーニング方法です。

歩き方は長い年月をかけて身についたものなので、意識するだけで変えるのは難しいです。

重心の前方移動を体感し、体で覚えることが必要なのです。

重心の前方移動は、バスタオルウォーキングをされた方が

「こんなにも前のめりで歩くんですか⁉」

と驚かれるほど、重心を前に移動させます。


ただし、前のめりで歩けばいいということではありません。正しい方法で歩かなければ、足の不調が改善されないだけでなく、より一層悪くなってしまいます。

正しいバランスを覚え、身につける方法がバスタオルウォーキングなのです。


バスタオルを腰に当ててウォーキングをする（歩く）だけで、正しく重心の前方移動ができるようになります（詳しくは90ページ）。

バスタオルが、**直接自分の重心を前へ引っ張り出してくれる**ので、自然に重心が前へ移動するのです。

1日1分だけでも重心を前へ移動させる感覚が身につきます。

さらにくり返し行うことで、バスタオルがなくても正しい歩き方を身につけることができるのです。

では、バスタオルを1枚、準備してください。

バスタオルは大きすぎず、厚くないものにしてください。バスタオルウォーキングでは、バスタオルを手につかんで歩くので、大きすぎたり、厚すぎたりすると、手できちんとつかめず、力が入らないため、必ず手でつかめるサイズにしましょう。

服装は、動きやすい格好がおすすめです。

準備はよろしいですか?

それでは、さっそくはじめましょう!

バスタオルウォーキングの準備ステップ

バスタオルウォーキングは、歩いているときの足指の状態が見えるように、裸足で行っていただくのがベストです。

場所は、屋内でまっすぐ5～6歩、歩けるスペースで行ってください。フローリングなど、硬い場所で歩くと足が痛む方は、ヨガマットのようにクッション性があり、滑らないものを敷いて行うと、痛みが和らぐのでおすすめです。

バスタオル……両腕を左右に広げたくらいの長さがあれば十分です
厚みのないバスタオルがおすすめです

裸足……接地したときに、つま先がどこを向いているか見えるように、裸足になります

場所……屋内で、まっすぐ5〜6歩、歩くことができるスペースを探しましょう

ヨガマット2枚……裸足で歩くと痛い方は、ヨガマットを縦に置いて、その上を歩くようにしてください

はじめのうちは、きちんと正しく歩けているかを確認するために、家族や友人など、ご自身以外の方に歩いているところを見てもらうことをおすすめします。

立ち方のバランス調整

バスタオルウォーキングをはじめる前に「立っているときのバランス調整」を行

います。

「耳〜肩〜股関節〜ひざ〜足首」を結んだ線（重心線）が、ほぼ一直線になるのが理想の立ち方です（図8）。足指に力が入らないようにして、「かかと〜足裏〜足指」が1つの面として地面に着くように意識してください。

頭や肩を前に出すのではなく、**骨盤から上を前のめりに感じるくらい前に移動させる必要があります**。

ただまっすぐ立つということは難しいので、次の「壁を使って立ち方を整える方法」を行い、正しい立ち方を身につけましょう。

図8 理想の立ち方

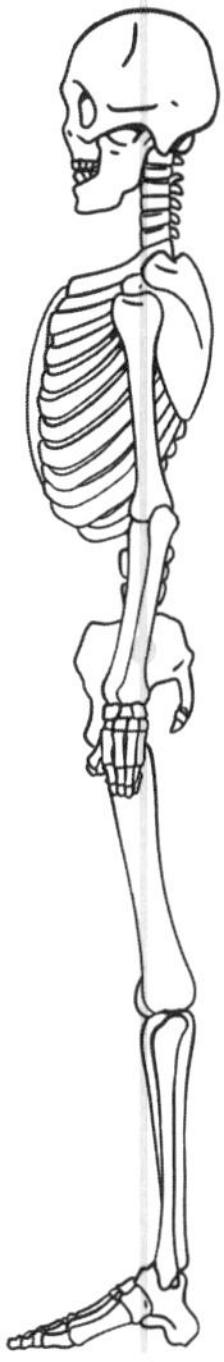

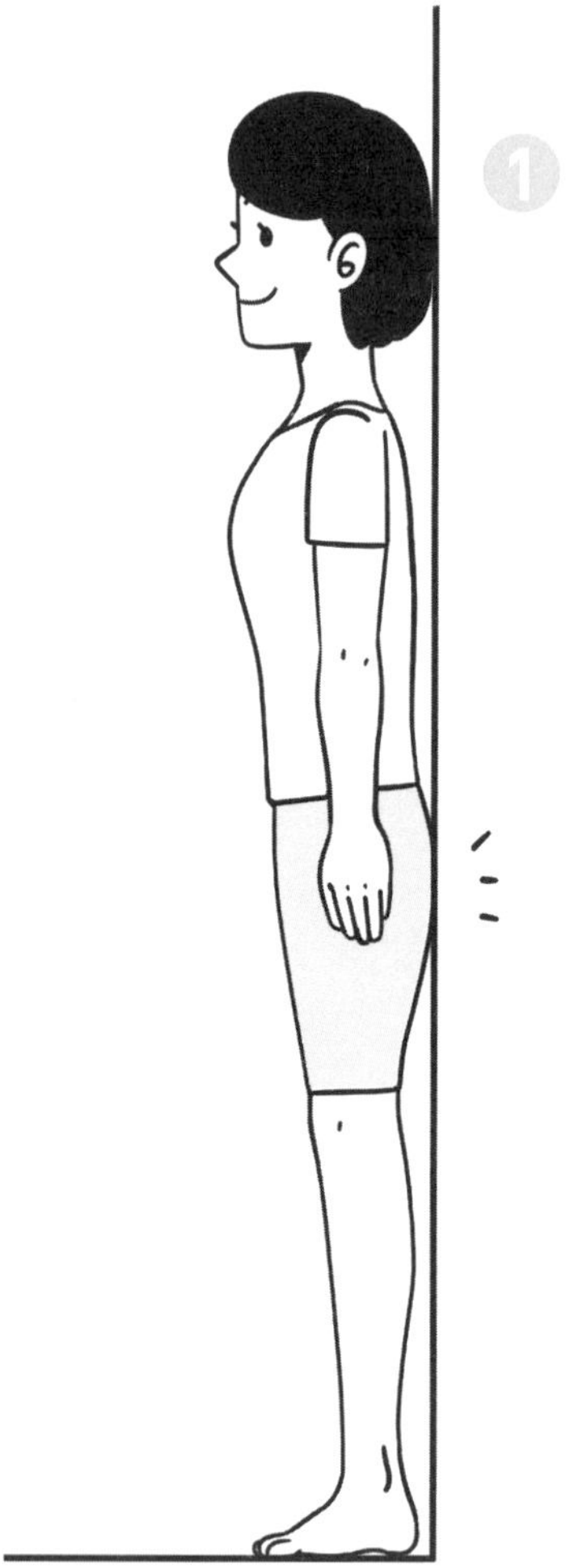

図9 壁を使って立ち方を整える方法

壁を背にして立ち、お尻だけぴったり壁にくっつけてください(このとき、頭と背中、かかとは壁につけません)

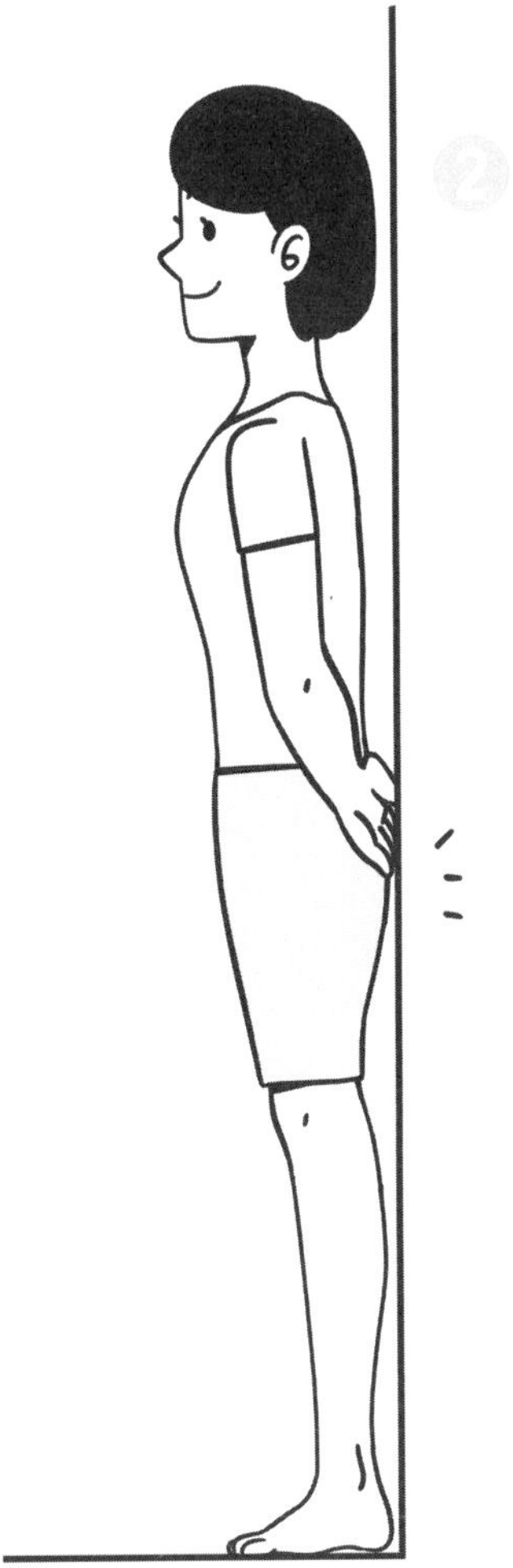

の状態が、重心線がほぼ一直線になる、**理想の立ち方**です。

後方重心の場合、の状態を前のめりに感じる方が多いと思いますが、実際は壁から体が1～2cm前に離れているだけなのです。

まちがった姿勢のままバスタオルウォーキングを行うと、効果が半減するので、まずは正しい立ち方を体感してください。

バスタオルウォーキングの5ステップ

いよいよバスタオルウォーキング、スタートです。
単にバスタオルで骨盤を前へ引っ張りながら歩けばいいというものではありません。
5ステップで確認し、正しい歩き方を身につけていきましょう。

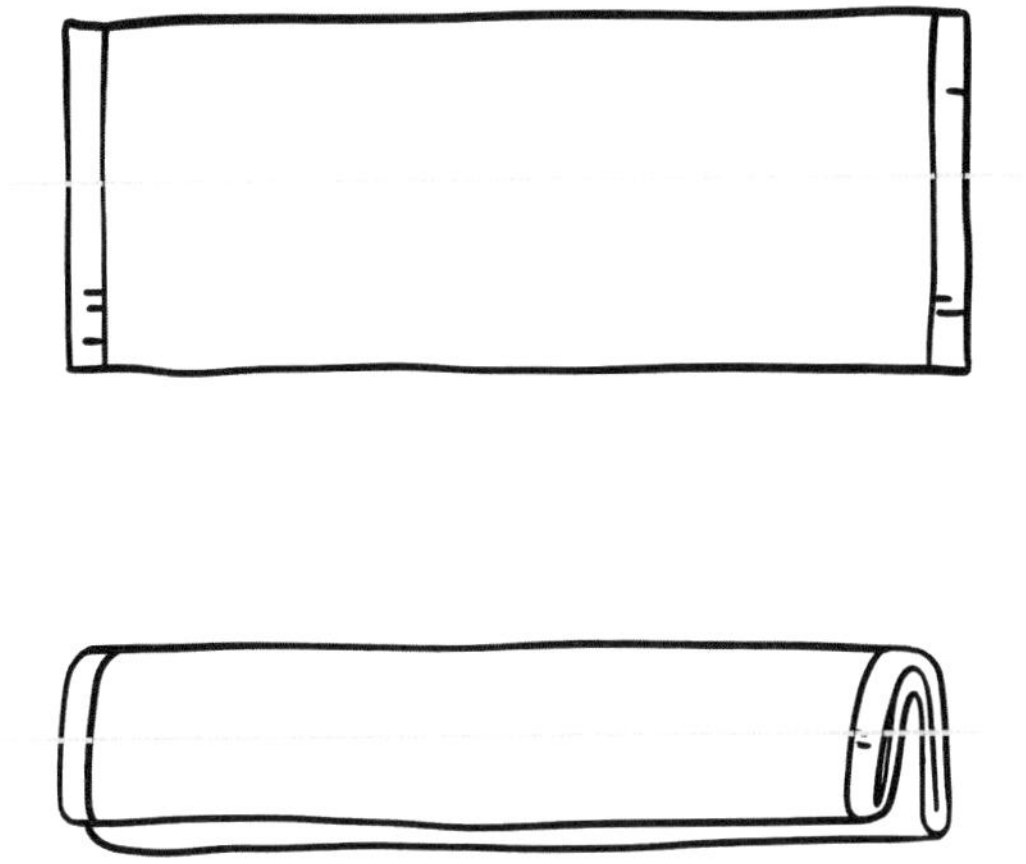

バスタオルを縦長に半分に折り、
さらにもう半分に折ります。

Step 1

バスタオルを折る

Step 2 バスタオルを持つ

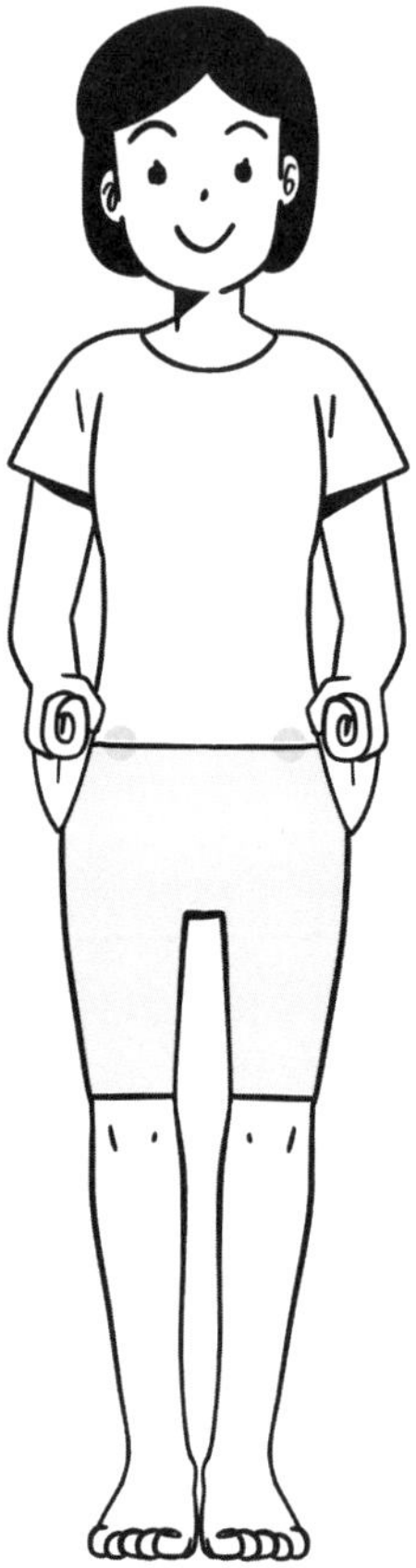

4つ折りにしたバスタオルの片方の端を右手で握ります。バスタオルを骨盤の後ろを通過させて、もう一方の端を左手で握ります。

POINT

ひじの角度は、軽く曲げる程度がベスト。

このとき、正常時の重心の
位置になるよう姿勢に
気をつけて立つようにしましょう
（詳しくは87ページ参照）。

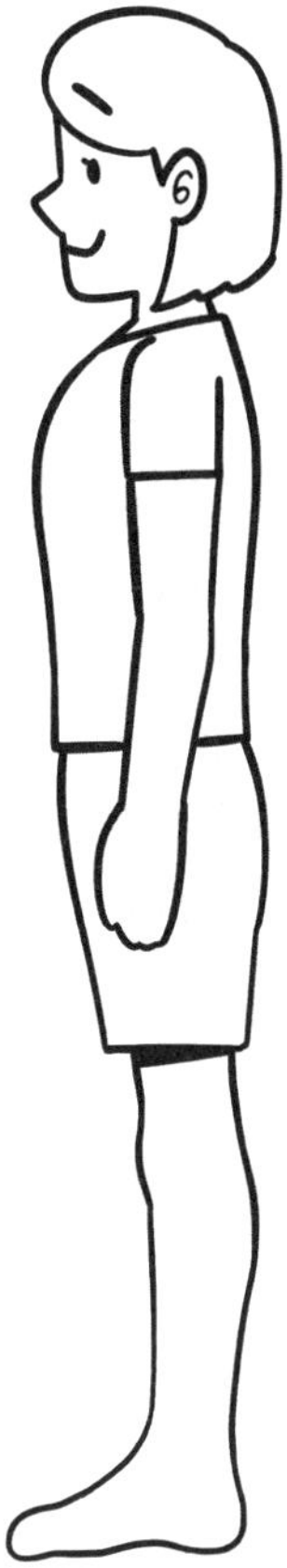

CHECK!

- **ひじの角度を90度に曲げない**
  骨盤を前へ移動させるけん引力が弱くなり、重心が前に移動しにくくなります
- **ひじを完全に伸ばさない**
  上半身が後ろに反り気味になり、骨盤だけが前へ移動してしまいます

バスタオルの中央部分が、
骨盤に当たるように持ちます。

POINT
骨盤を触ると、左右両端に骨の出っ張り（上前腸骨棘）があります。この骨の出っ張りの下にバスタオルが当たるようにしてください。

Step 3

バスタオルを正しく骨盤に当て、包み込む

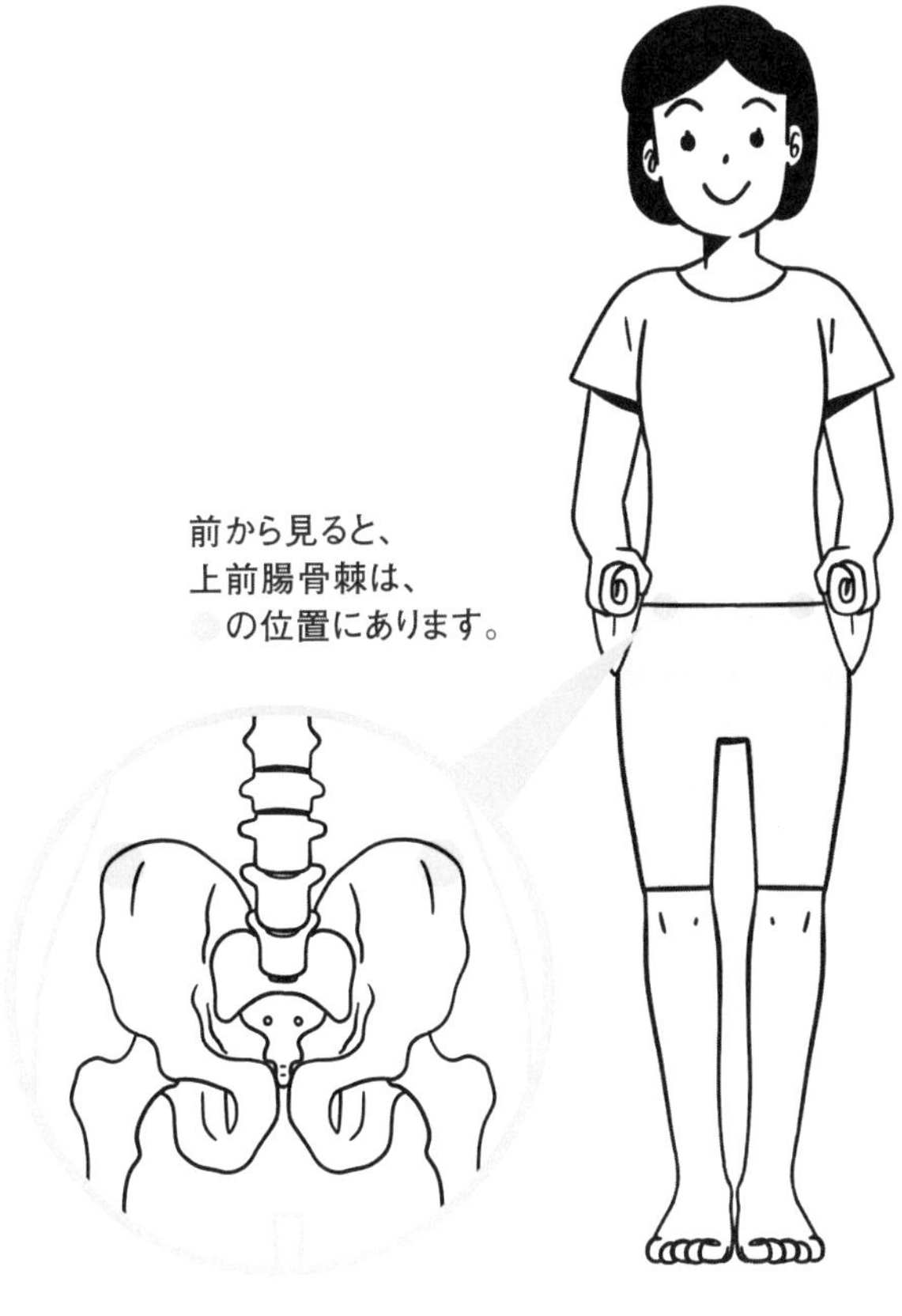
前から見ると、
上前腸骨棘は、
●の位置にあります。

□ **バスタオルを骨盤より上（腰）に当てない**

腰だけが前に出て反ってしまうため、重心が後ろに残ってしまいます

両手で握った
バスタオルで
骨盤を引っ張りながら
歩きます。

Step 4

その姿勢のまま、まず1歩前へ踏み出そう

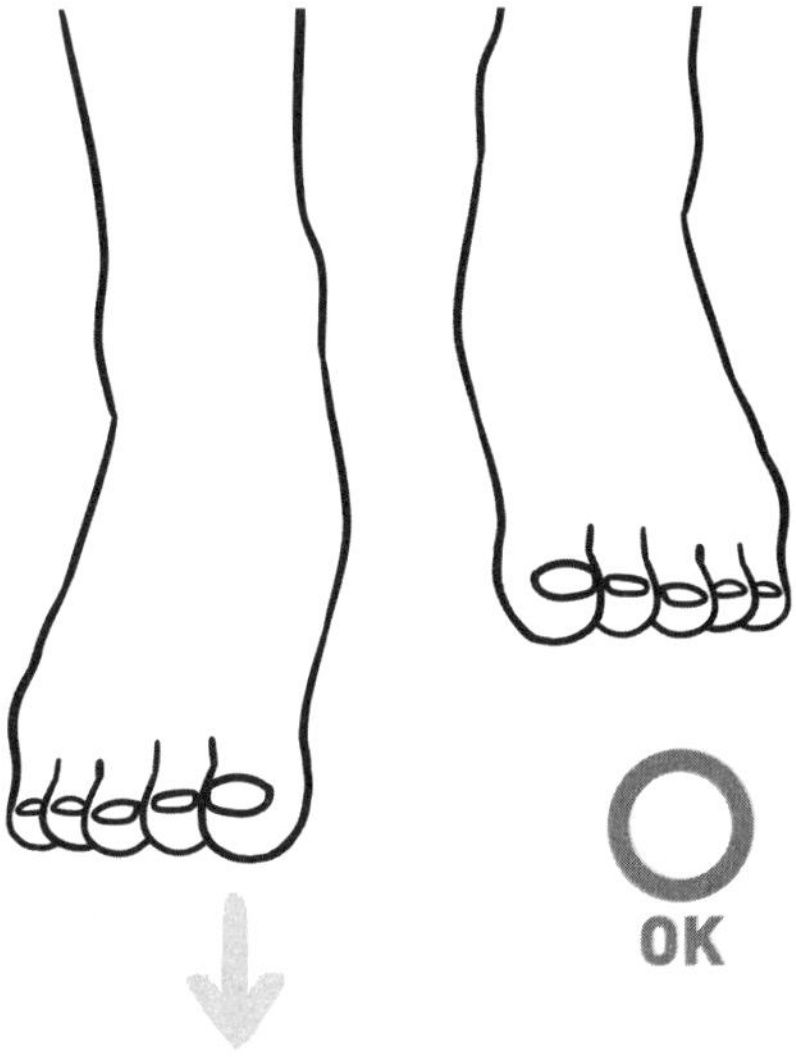

つま先が前を向いている

このとき、つま先を
進行方向に向けてください。

CHECK!

☑ 足首を外側に捻って歩かない

つま先を前に向けていても足首を外側に捻って歩くと、重心の移動が小指のつけ根で止まってしまい、重心が前に移動しません

☑ つま先はまっすぐ前に向ける

つま先を内側や外側に向けると、あおり歩行ができず、脚が捻れてしまいます

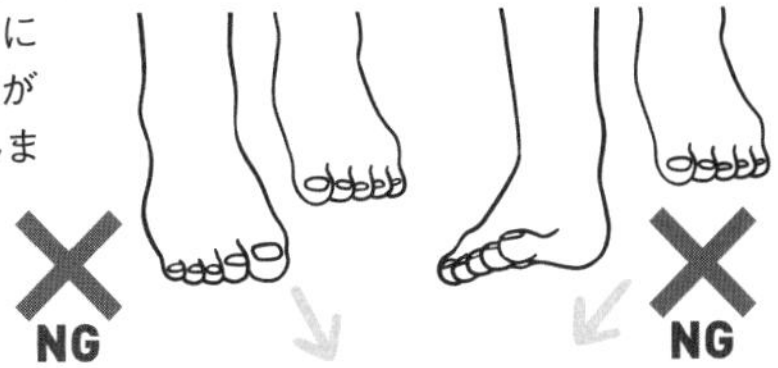

Step 4 その姿勢のまま、まず1歩前へ踏み出しましょう

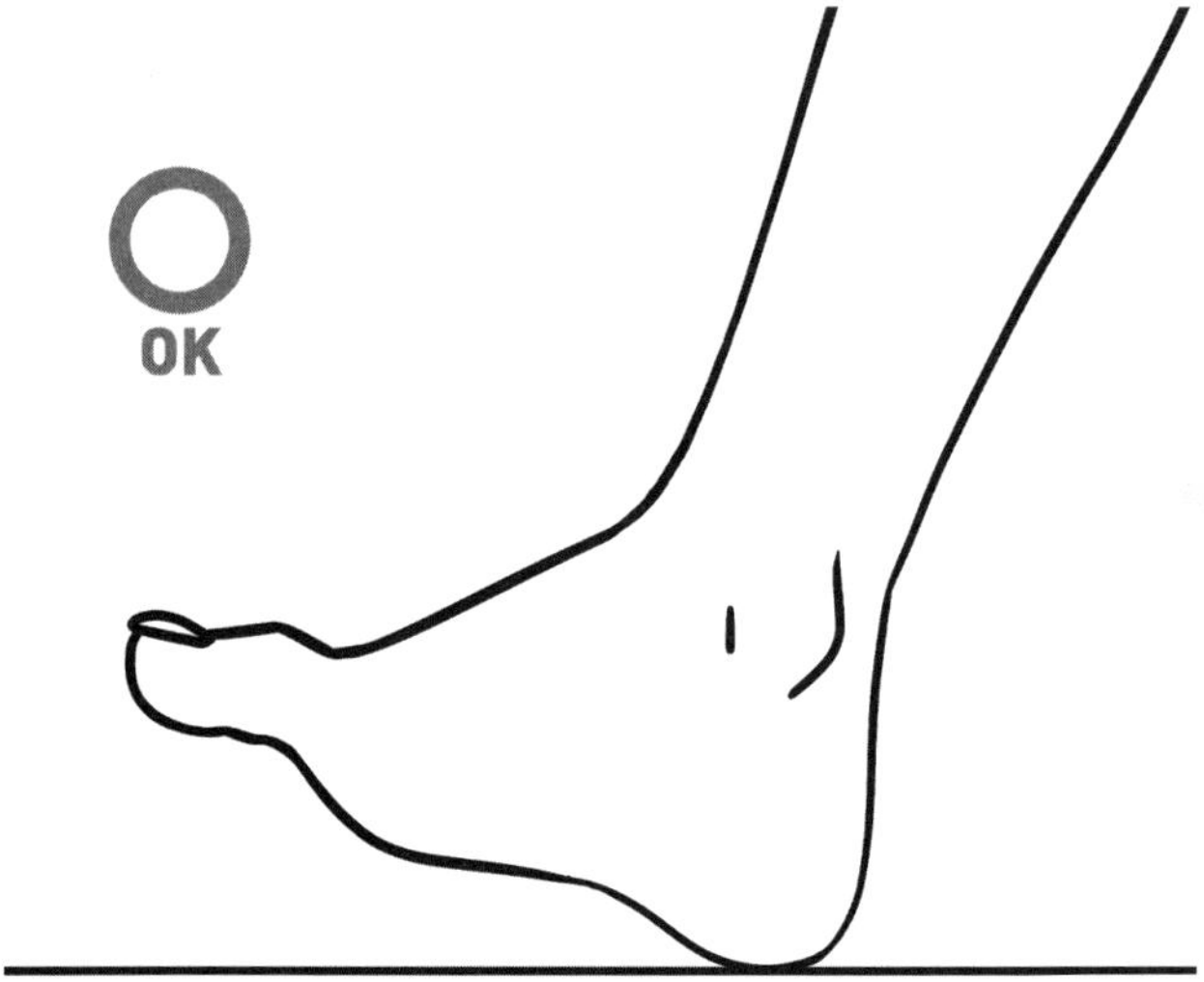

かかとは前へ転がすイメージで

バスタオルで体をけん引しているので、
重心の前方移動がスムーズになり、
かかとが接地したときには、
すでに足裏への体重移動が
はじまるようになります。

CHECK!

☑ **「あおり歩行」を意識しすぎない**

かかとではなく足の小指側から接地してしまうことがあるので、
かかとを着けることにまずは注力しましょう

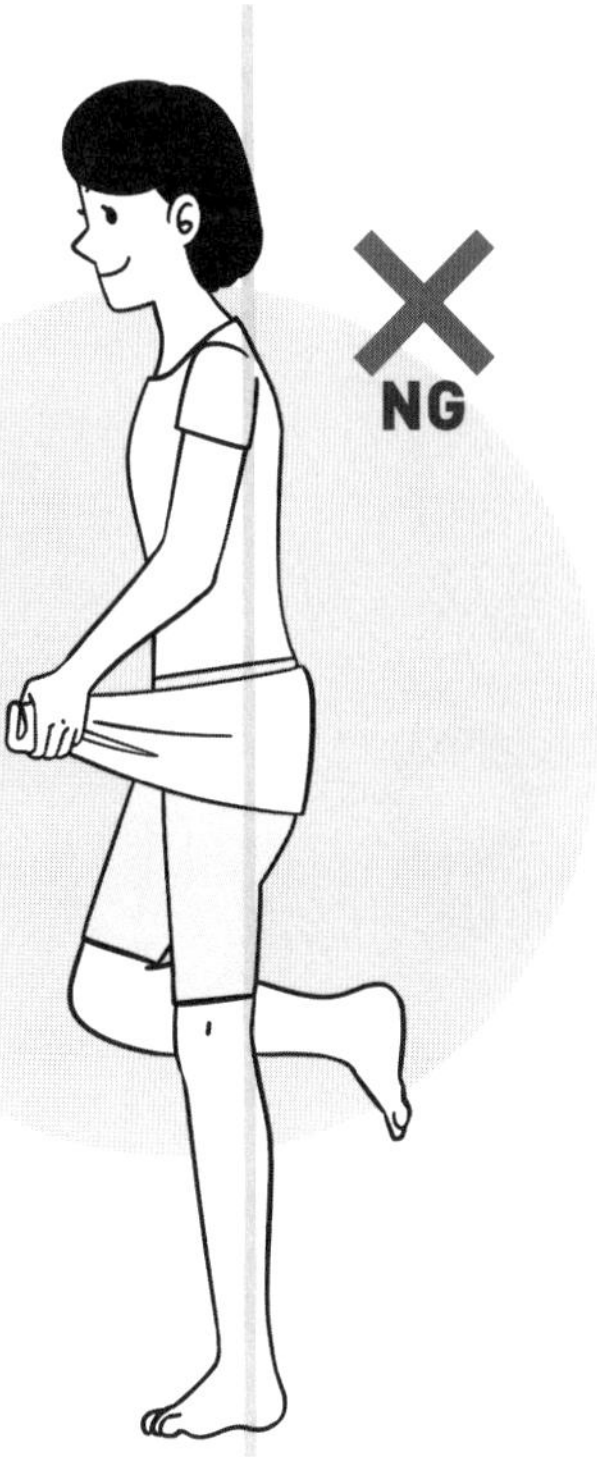

頭から前に出さない

骨盤が後ろに引けてしまうため、
重心が前に移動しなくなります。

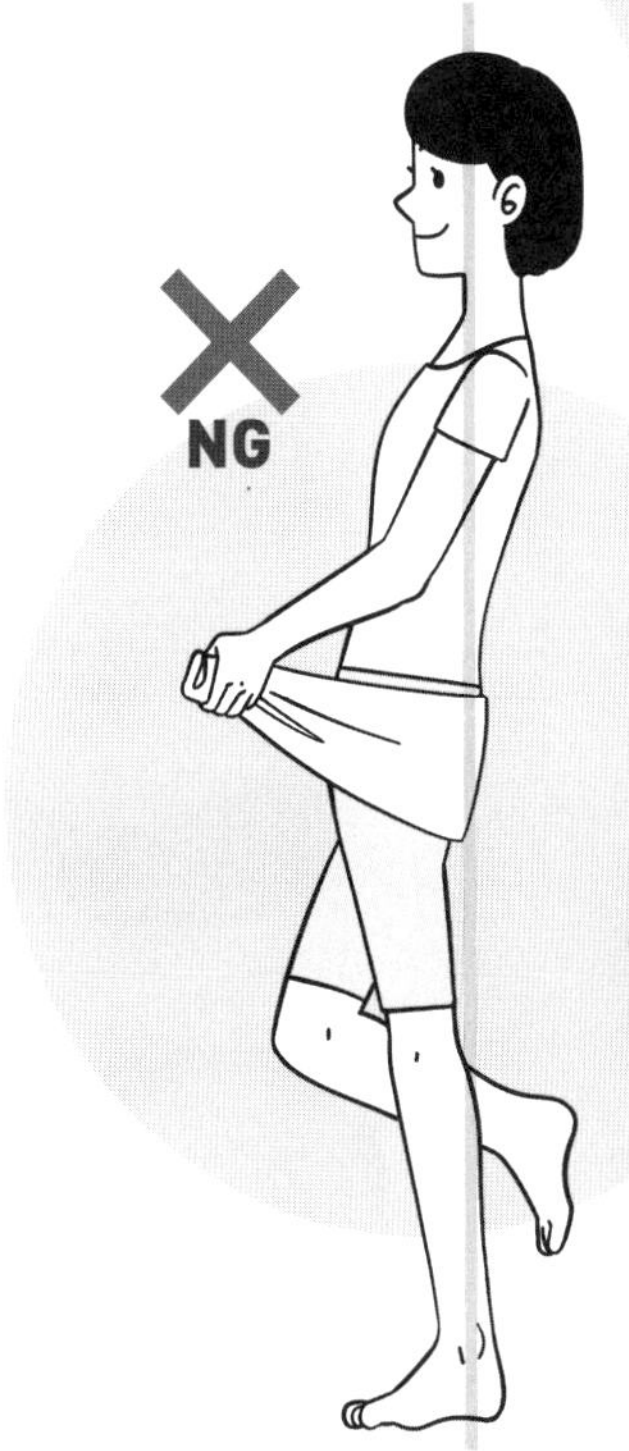

骨盤だけを前に出さない

バスタオルを強く引っ張りすぎると、
骨盤だけが前に引っ張られ、
体が残ってしまうので、
上半身が反れて重心が前に
移動しなくなります。

かかとを地面に着けたあとは、
そのまま重心を移動させて
足裏を接地させましょう。
このとき、ひざが伸びている
状態が自然です。

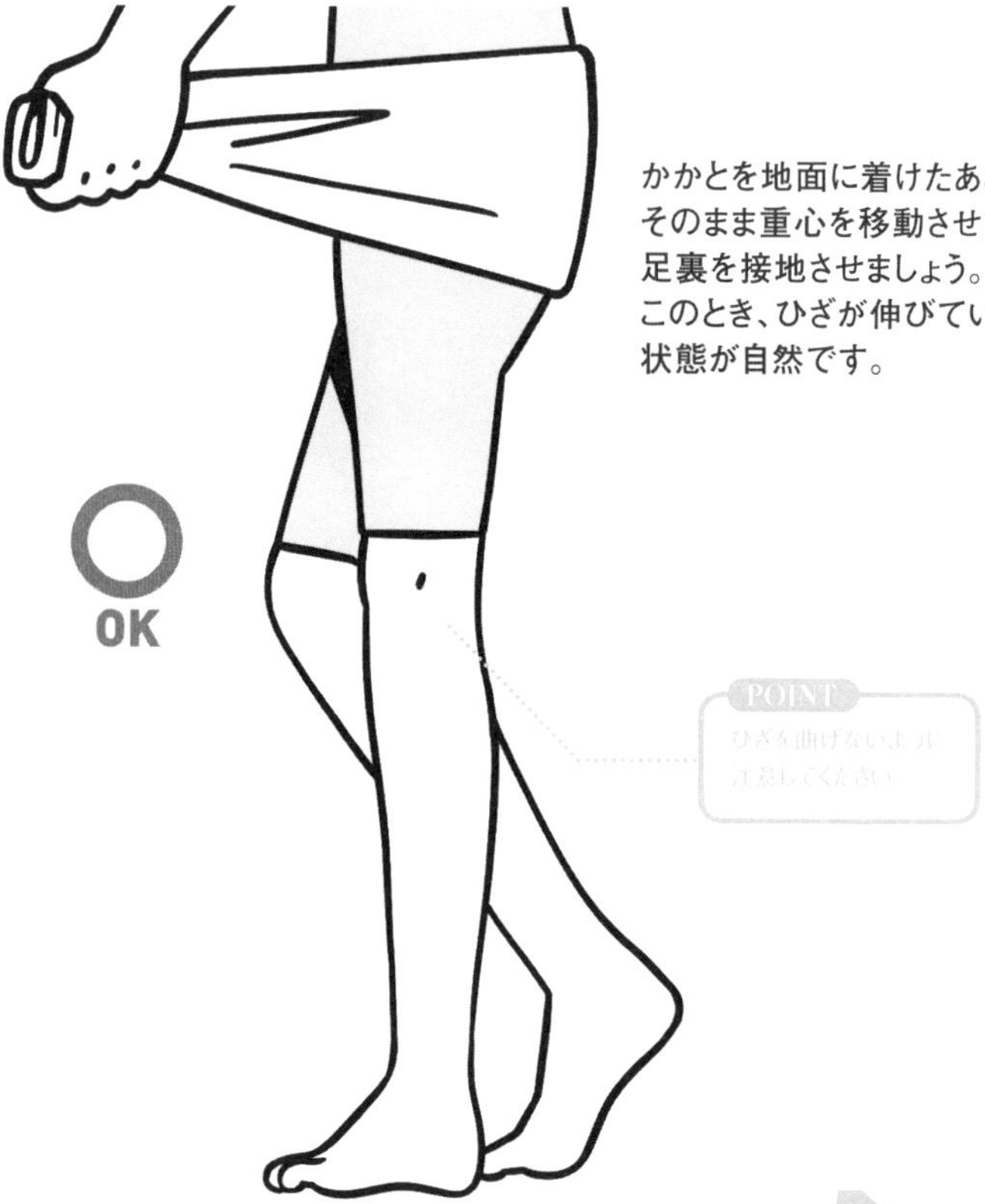
OK
POINT
ひざを曲げないように
注意してください

次の1歩を踏み出そう

Step 5

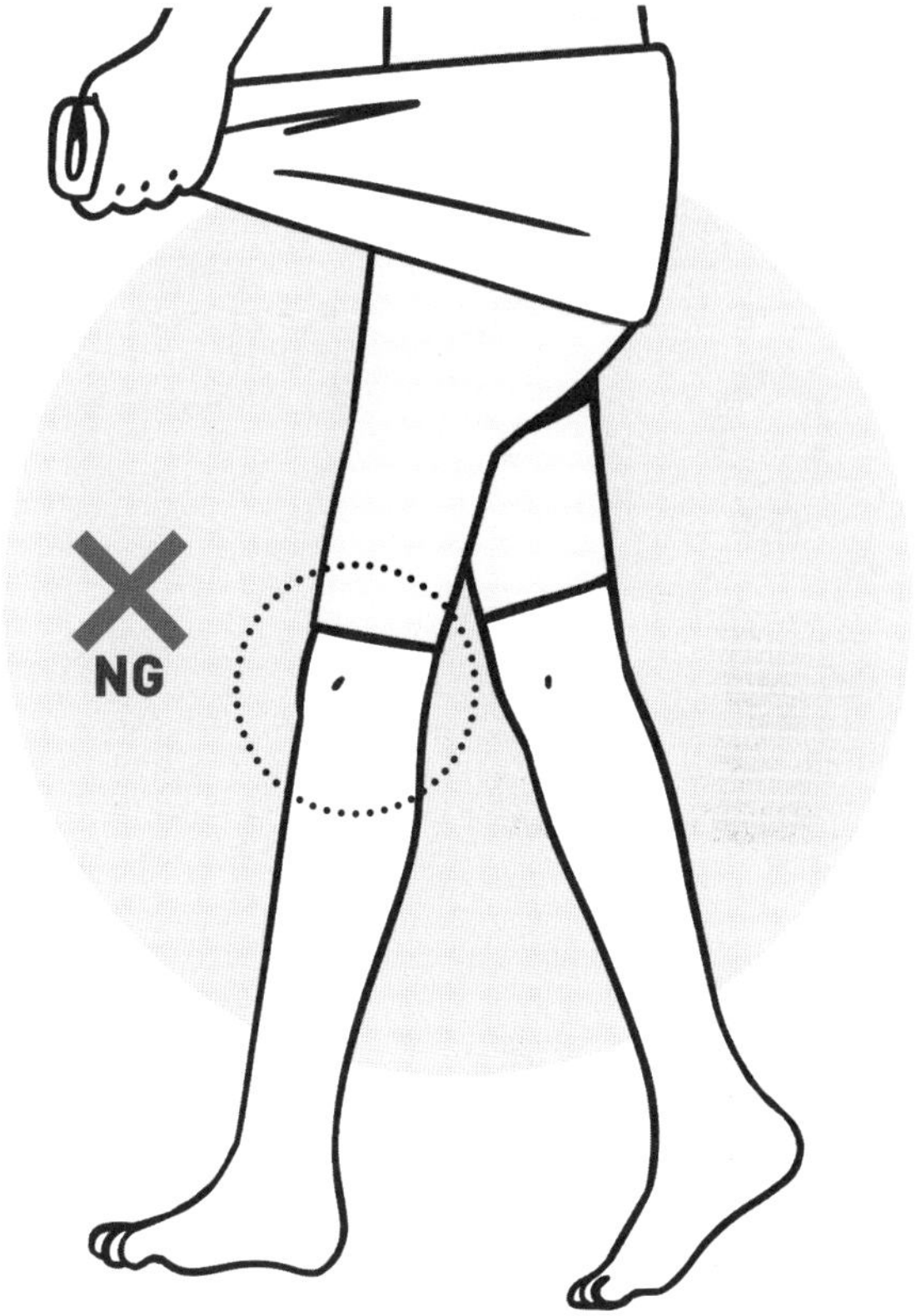

今まで後方重心だった方は、
足裏が接地する瞬間にひざが
曲がってしまう傾向があります。

CHECK!

- **常にひざを伸ばそうと意識しない**
常にひざを伸ばそうとするとウォーキングではなく競歩のようなフォームになってしまいます

Step 5 次の1歩を踏み出しましょう

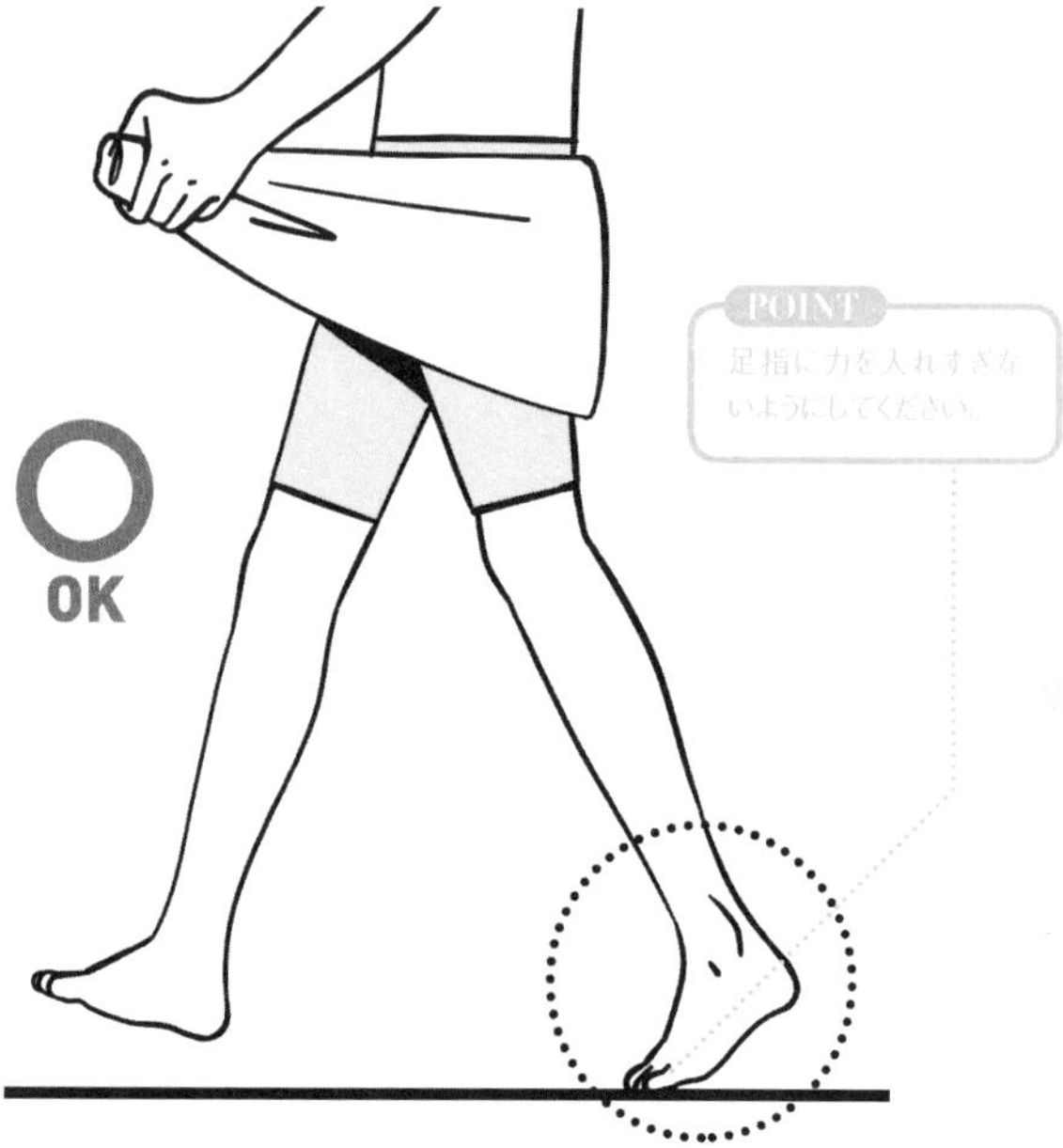
POINT
足指に力を入れすぎないようにしてください。
OK

足裏が地面に着いたら、重心を前に移動させ、
足指を接地させます。
このとき、足指に力を入れすぎないように注意して、
次の1歩を踏み出しましょう。
後ろ側の足指で体重を支えながら
前側のかかとで接地するのが、正しい歩き方です。

CHECK!

意識して、足指に力を入れすぎない

背伸び歩きになります。体が上下に動き、グラグラと不安定になり、体重移動が足指のつけ根で止まってしまいます（詳しくは76ページ参照）

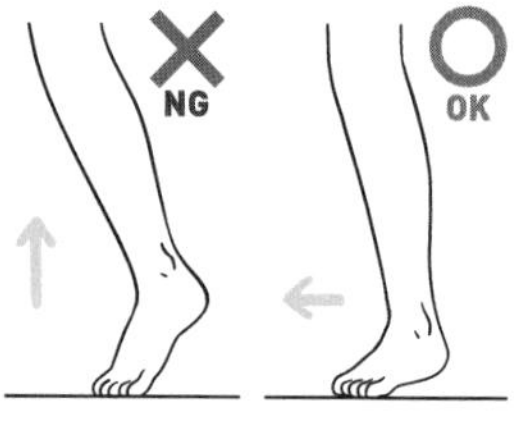
NG
OK

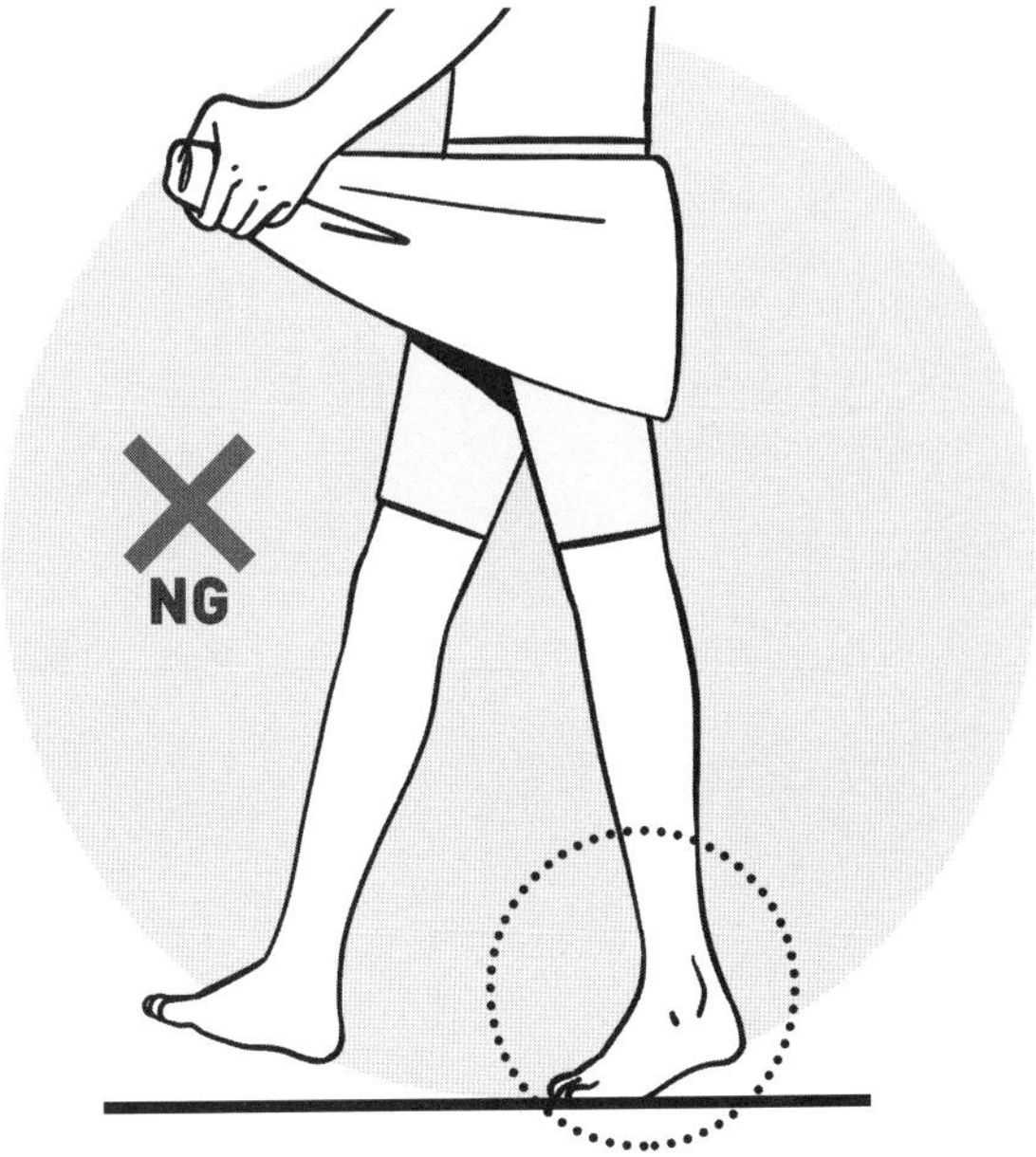

足裏が地面に着いた際に重心が前に移動していないと、
次の1歩を踏み出すときに、
足指が体重を支えることができません。

CAUTION!

大股で歩かない

バスタオルウォーキングをすると、重心が前方移動するため、今までより骨盤が前に出るようになり、股関節の可動域が大きくなるため、自然に歩幅も大きくなります。

ただし、足を大きく踏み出すと、重心は接地した足よりもさらに前へ移動しなければならないので姿勢が崩れてしまいます。そのため、重心の前方移動に慣れていない方には大股歩きはおすすめしません。

バスタオルウォーキングの方法は、おわかりいただけたでしょうか？

重心の前方移動が身につくまで、1日1分、毎日くり返してください。もちろん、1分以上でも、1日に何回しても大丈夫です！

何度もくり返し行い、正しい歩き方を身につけましょう。

バスタオルウォーキングで思わぬ効果が！

外反母趾や内反小趾、足のしびれなどを改善する目的で、バスタオルウォーキングの指導を行った結果、思わぬことが起きました。

「足の痛みがなくなっただけでなく、体の調子も良くなりました！」という報告を次々といただいたのです。

具体的には、次のようなものです。

- **冷え性が改善した**
- **足のむくみが改善した**

● 疲れなくなった
● ひざの痛みが治まった
● 足のしびれがなくなった
● タコやウオノメがなくなった
● 腰の痛みが改善した
● ヒールの靴を履いても痛くなくなった
● 速く歩けるようになった
● 歩くのが楽しくなった
● スポーツの記録が向上した
● つまずくことがなくなった　など……

ここでは、バスタオルウォーキングによる、思わぬ効果をご紹介します。

1．冷え性が改善

後方重心の場合、足首の動きが少ないため、ふくらはぎの筋肉が十分働いていません。

ふくらはぎの筋肉は、足に溜まった静脈血を心臓に送り返すポンプの働きをしていることから、よく**「第2の心臓」**と呼ばれ、血液循環に重要な役割を果たしています。

また、後方重心の場合、足指を使っていないため、その筋肉がほとんど働いていないので、血液の循環不全から**足先が冷え、ひどい方はしもやけができることもあります。**

バスタオルウォーキングをすると、足首がよく動き、足指を使うようにもなるので、**足先までの血液循環が改善**されます。

バスタオルウォーキング後に「足指の先までポカポカしてきました！」と変化を実感したという声もよく聞きます。

2．むくみがとれた

むくみの原因のひとつに、**足の筋ポンプの機能低下**があります。

足の筋ポンプの働きが悪くなると、血液の循環不全が起こり、心臓に戻る静脈の血液が停滞します。停滞した血液中の水分が血管外へしみ出て、細胞のすき間に溜まった状態がむくみです。

外反母趾で相談に来られたTさん（20代・女性）が、後方重心でペタペタ歩かれていたので、バスタオルウォーキングの指導を行いました。

1週間後、ひと目でハッキリわかるほど足首が細くなり、大変喜ばれていました。

バスタオルウォーキングで、**ふくらはぎがよく動くようになり、足の筋ポンプの機能が向上し、血流が流れ出した**ためです。

3．ふくらはぎの張りがなくなった

後方重心の場合、バスタオルウォーキングをすることでふくらはぎの筋肉が十分働き、**筋肉の収縮運動が活発になり、柔軟性も向上するので、ふくらはぎの張りがなくなります**。

足指のつけ根の痛みで相談に来られたＹさん（40代・女性）は、ふくらはぎの張りがひどく、話を聞いてみると、子どもの頃から悩んでおり、血流の問題ではないかと、大学病院の血管外来を受診したところ、検査は「異常なし」。しかし、その後も症状は改善されずあきらめていたそうです。

ところが、バスタオルウォーキングの指導をした翌朝、Ｙさんはふくらはぎの張りが明らかに楽になっているのを感じられました。さらに、３週後には30年以上悩まされていたふくらはぎの張りがほとんどなくなり、大変喜んでいただきました。

4．疲れにくくなる

買い物から帰ったあと、疲れてしばらく動きたくないとか、通勤や通学だけで疲れてしまう方は、体力がないのではなく、実は後方重心に問題があるのかもしれません。

重心が後ろに残っていると、重心の前方移動による推進力がなく、**足だけで歩くため、足や体にストレスがかかり、ムダなエネルギーを消費してしまうため、とても疲れるのです**。

バスタオルウォーキングをすると、重心がスムーズに前へ移動し、推進力となるため、体がスムーズに前へ動きます。そのため、**足や体の負担が軽減し、疲れにくくなる**のです。

足の不調で私のもとを訪れた中学生のお母さんが、「娘は毎日学校から帰ると『疲れた』と言って、しばらくベッドで横になっていました。しかし、バスタオルウォーキングをしてから、学校から帰ってきてもそのまますぐ遊びに出るようになりました」と報告してくださいました。

5．ダイエットができた

ダイエット目的で、ウォーキングをされている方も多いと思いますが、後方重心の方は要注意です。というのも、後方重心の場合、**足首や股関節の動く範囲が小さいため、ふくらはぎや股関節周囲の筋肉の運動量が少なく、基礎代謝量が上がりにくく痩せにくいのです**。

なので、その姿勢のままウォーキングを続けてもあまり効果が出ません。

「バスタオルウォーキングをしてから、お尻やふくらはぎの筋肉がしっかり使われて、強化されていくのを実感しました。さらに、体重も少し落ちたんです！」と、Iさん（40代・女性）が報告してくださいました。

これは、バスタオルウォーキングで足首の動きだけでなく、骨盤がスムーズに前に移動するようになって、股関節の動く範囲が大きくなったことによるものです。

また、Iさんは汗をかきにくい体質だったのですが、ウォーキングで汗ばむようになったそうです。これは**筋肉の運動量が多くなって基礎代謝量が上がったから**です。

6. 腰痛の改善

理想の立ち方は、まっすぐ立っているときに重心線がほぼ一直線になり、重心が重心線上にある状態です（詳しくは36ページ参照）。

ところが、後方重心の場合、**上半身が骨盤より後ろに反り気味になるため、立っているだけでも腰の筋肉や腰椎の関節に負担をかけています**。さらに、歩いているときの足裏の体重移動が足指までスムーズに行えないので、**地面からの衝撃が足を介して腰にも伝わるため、腰痛を引き起こします**。

バスタオルウォーキングを行うと、後ろに反り気味だった上半身が、1本の棒のように骨盤の真上に位置するようになり、正しい歩き方の「あおり歩行」となることで、地面からの衝撃も緩和されます。

つまり、**上半身を後ろに反らせて、地面からの衝撃を受けながら歩くことがなくなるので、腰の負担が少なくなり腰痛が改善します**（腰痛は後方重心以外にもいろいろな原因で発症します）。

Aさん（50代・女性）は、外反母趾と慢性の腰痛に悩まれていました。仕事で1日中立ちっぱなしのため、夕方になるといつも腰が痛くなっていたようです。

Aさんの立ち姿が、後方重心だったため、バスタオルウォーキングで常に重心の前方移動を意識していただいたところ、「外反母趾が良くなり、気づいたら腰痛もほとんど出なくなっていた！」と笑顔で報告してくださいました。

7. ひざの痛みが改善

後方重心で歩いていると、**足が内側に捻れやすくなり、その影響でひざの内側にもストレスが蓄積されます**（詳しくは48ページ参照）。また、**体重がスムーズに前に移動しないため、歩くときにひざが体重を支える時間が長くなるうえに、「あおり歩行」ができずに足指のつけ根で体重移動が止まるので、地面からの衝撃が緩和されず、ひざに伝わります。**

さらには**加齢と共に「横ブレ歩き」が多くなるため、ひざの内側に負担が蓄積されO脚になる**場合もあります（詳しくは77ページ参照）。

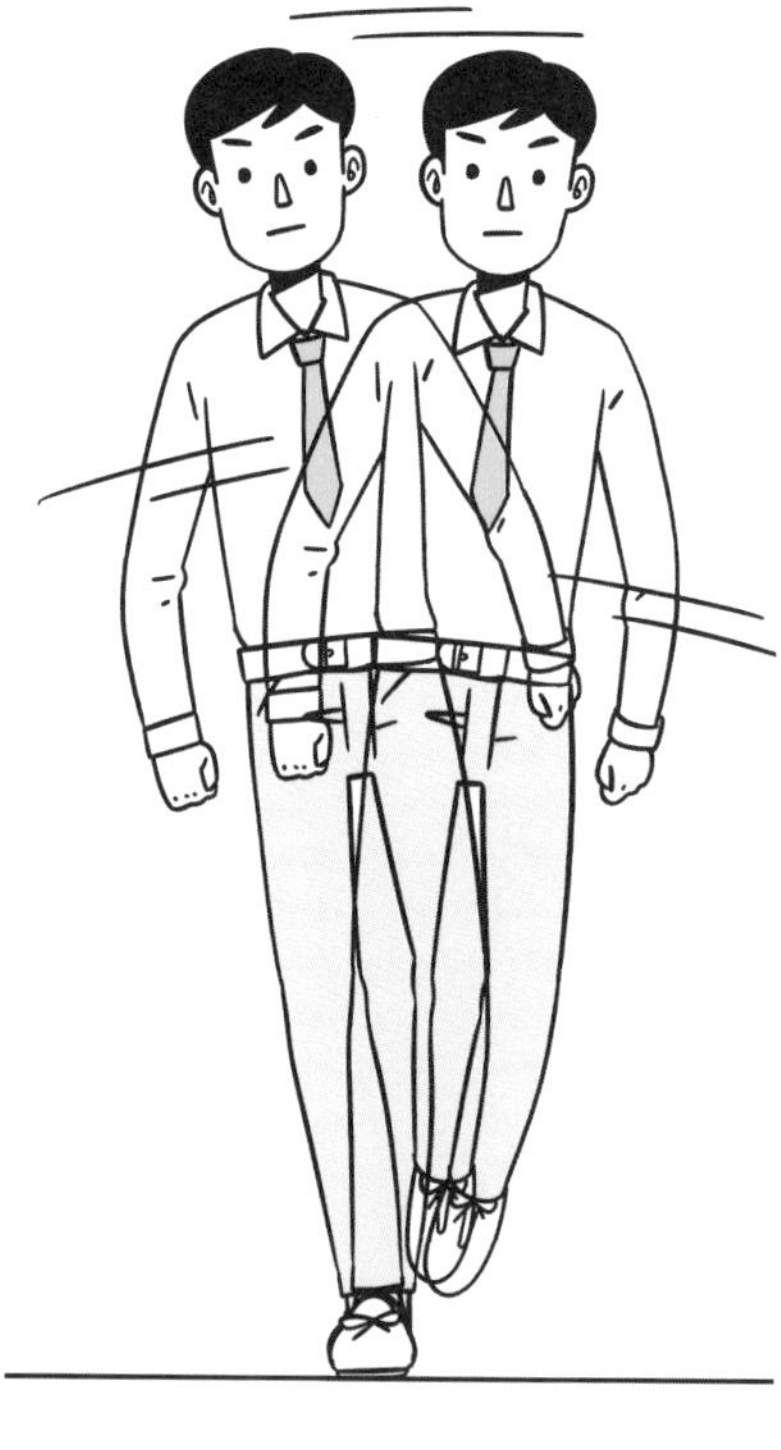

相談に来られたKさん（40代・女性）は、後方重心で歩いていたため、ひざが内側に捻れ、ひざに痛みを抱えていました。バスタオルウォーキングをしたところ、足が捻れずに歩けるようになり、ひざの痛みがなくなったそうです。

バスタオルウォーキングを行うと、足の内側への捻れがなくなり、体重がスムーズに前に移動して、あおり歩行ができるようになります。

体が横にブレなくなることで、ひざへの負担が少なくなり痛みが改善されるのです。

8．歩くのが速くなる

歩いていて、いつも自分だけが遅れてしまう方は、後方重心の可能性が高いです。**後方重心だと、一生懸命歩いていても重心が後ろに残っているため、前へ進む力（推進力）が弱く、結果として遅くなる傾向にあるからです**。

バスタオルウォーキングは、後ろに残っている重心をバスタオルで前へ移動させるので、自然に体も早く前へ移動できるようになります。

バスタオルウォーキングで重心の前方移動をはじめて体感すると、その場で「今までより体が軽く前に進みます！」とみなさん驚かれます。

9．スポーツパフォーマンスの向上

足の不調でご相談に来られる方には、元メジャーリーガーのイチロー選手の歩いている写真をお見せしながら、かかとから接地して重心を前方移動しながら足指で体重を支えて歩くポイントを説明しています。

イチロー選手があれだけ活躍できたのは、もちろんご本人の努力や才能が大きいですが、正しい歩き方をしていたことも要素のひとつだったと私は考えています。

踏ん張る・蹴り出す・ジャンプ・止まるなどのスポーツの急激な動きの中で、足指がしっかり使えなければ良いパフォーマンスはできません。

Rさん（30代・女性）は、テニスが趣味で、専属コーチについて週5日のペースで練習や試合に励まれていました。

ある日、プレイ中に足指のつけ根の痛みが気になり、私のもとを訪れました。バスタオルウォーキングを指導すると、痛みが改善し、テニスのパフォーマンスも良くなったそうです。

「足指に力が入るようになったことで、ボールを追うときの動き出しが良くなったり、サーブのときに軸足が安定するようになりました」と嬉しそうに報告してくださいました。

10. 転倒の予防と防止

歩いているときに何もないところでよくつまずく方の多くは、歩き出すときにかかとからではなく、足裏全体を接地してしまう癖があります。この癖がある方は、少し足首が下がるだけで、足裏全体が接地する前に、つま先が地面に着いてしまうため、つまずきやすくなっているのです。

さらに、後方重心の場合、おうおうにして足指の筋力が落ちていたり、浮き指になっているため、バランスを崩して前に倒れそうになったときに**踏ん張れずに、転倒しやすくなっています**。

Eさん（70代・女性）は、家の中でつまずき、転倒されたときに足を痛めたので、相談に来られたのですが、バスタオルウォーキングをしてから、「足の指に力が入るようになって、転びそうになることが減りました！」と報告してくださいました。

高齢の方でも、歩き方を正しいものにするだけで、転倒する確率が大きく違ってくるのです。

11. 運動器症候群の改善

運動器症候群とは、体を支えたり動かしたりする骨・関節・筋肉など（運動器）の衰えが原因で、立つことや歩くことが難しくなっている状態です。この状態が進行すると**「要介護」**や**「寝たきり」**にもつながってしまいます。

対策としては適切な体操や運動が挙げられますが、かんたんで効率的に運動するには、ウォーキングが1番です。ただし、**歩き方が悪ければ、運動器症候群の改善どころか、悪化につながってしまいます**。

「以前は健康のために毎日歩いていましたが、最近は足が痛くて歩けなくなりました……」と訴えるJさん（70代・男性）がいらっしゃいました。後方重心で歩かれていたので、バスタオルウォーキングを指導すると「足の痛みがなくなっただけでなく、体が軽くて疲れないので、歩くことがもっと楽しくなりました！」と後日、報告してくださいました。

バスタオルウォーキングをすると、バスタオル1枚でかんたんに重心の前方移動の感覚を身につけることができます。

正しい歩き方をすると、足の不調だけでなく、思いがけない体の不調も改善されていきます。

あの手この手を尽くしてもなかなか良くならない不調は、後方重心が原因かもしれません。ぜひ、バスタオルウォーキングに取り組んでみてください。

Chapter

4

健康的な歩き方のためにもっとできること

〜上級編〜

Chapter 4では、より健康になるために、日常生活で気をつけることをご紹介します。
バスタオルウォーキングと合わせて実践してみてください。

5本指ソックスを履く

より健康になるために、私は**5本指ソックス**をおすすめします。足指がそれぞれ独立して開くことができなければ、筋肉が正常に機能しないからです。

今まで足指で体重を支えて歩いていなかった方は、足指の筋肉が退化して、浮き指・反り母趾・外反母趾・内反小趾などの

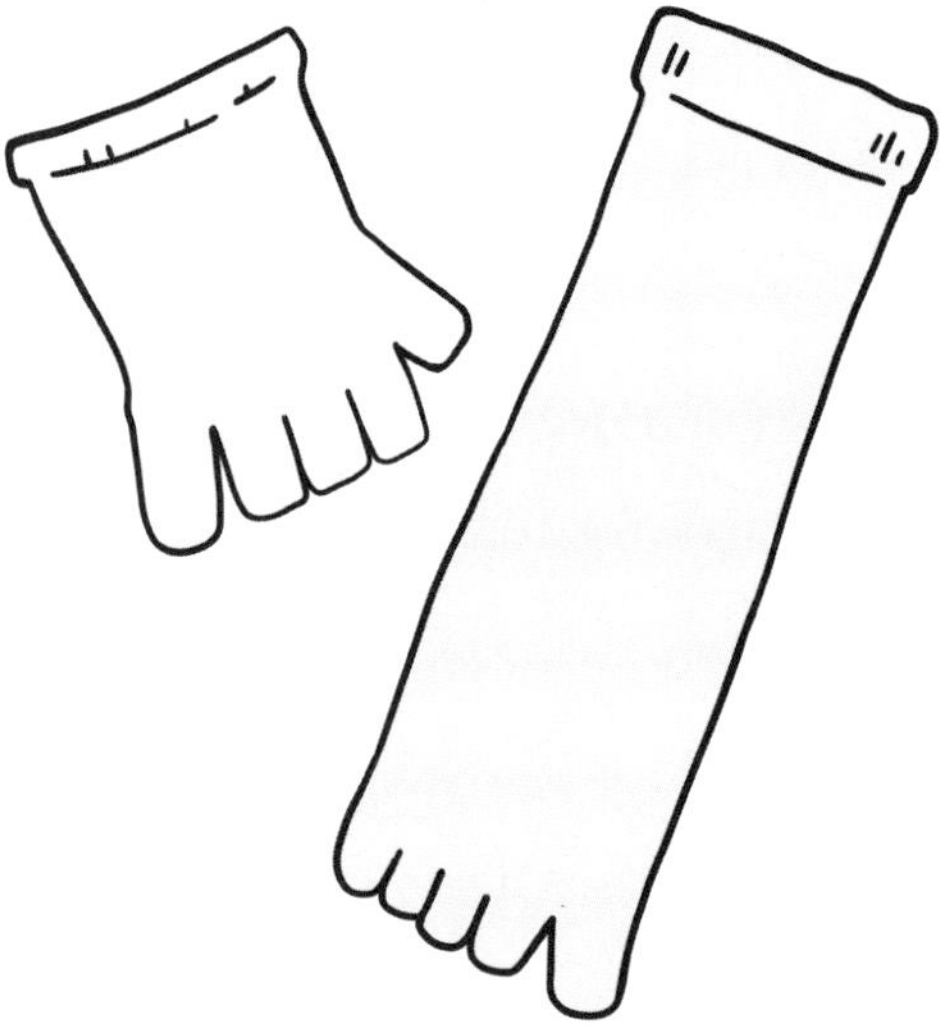

症状が非常に多く見られます。

5本指ソックス以外は、ソックスの中で足指がまとまり、指同士が圧迫するため、独立性が保てないのです。足袋のような2本指ソックスや親指と小指だけ独立した3本指ソックスも同様です。1～2本が独立していてもほかの足指がまとめられていれば指の独立性が保てないのです。

また、ソックスの素材は、化学繊維ではなく、**綿でできているもの**を履くようにしましょう。フローリングなどのツルツルした床を歩く際、足が滑ると踏ん張るために足指に力が入って曲がるので、足指のつけ根にストレスが溜まります。そのため、**素材にも注意していただきたい**のです。

特に、「ゆびのばソックス」は、素材にこだわった上でサポート機能もついているため、おすすめです。

よく5本指ソックスは履きづらいという方がいらっしゃいますが、それは浮き指で足指が縮んで伸びないため、ソックスの足指の部分がスムーズに通りにくいからです。

足指を使って歩けるようになると浮き指が伸び、足指の独立性が保たれるので、5本指ソックスが以前よりも楽に履けるようになります。

悪い歩き方の癖がついた靴は履かない

靴には**歩き方の癖**がつきます。今まで外股歩きや内股歩きなどの正しくない歩き方をされていた方の靴には、悪い歩き方の癖がついています。たとえば、靴のソールが外側だけ、または内側だけ削られている靴やインソールの後ろ側だけがへこんでいる靴などが、悪い歩き方の癖がついている靴です。

バスタオルウォーキングで歩き方が正しくなっても、悪い歩き方の癖がついた靴

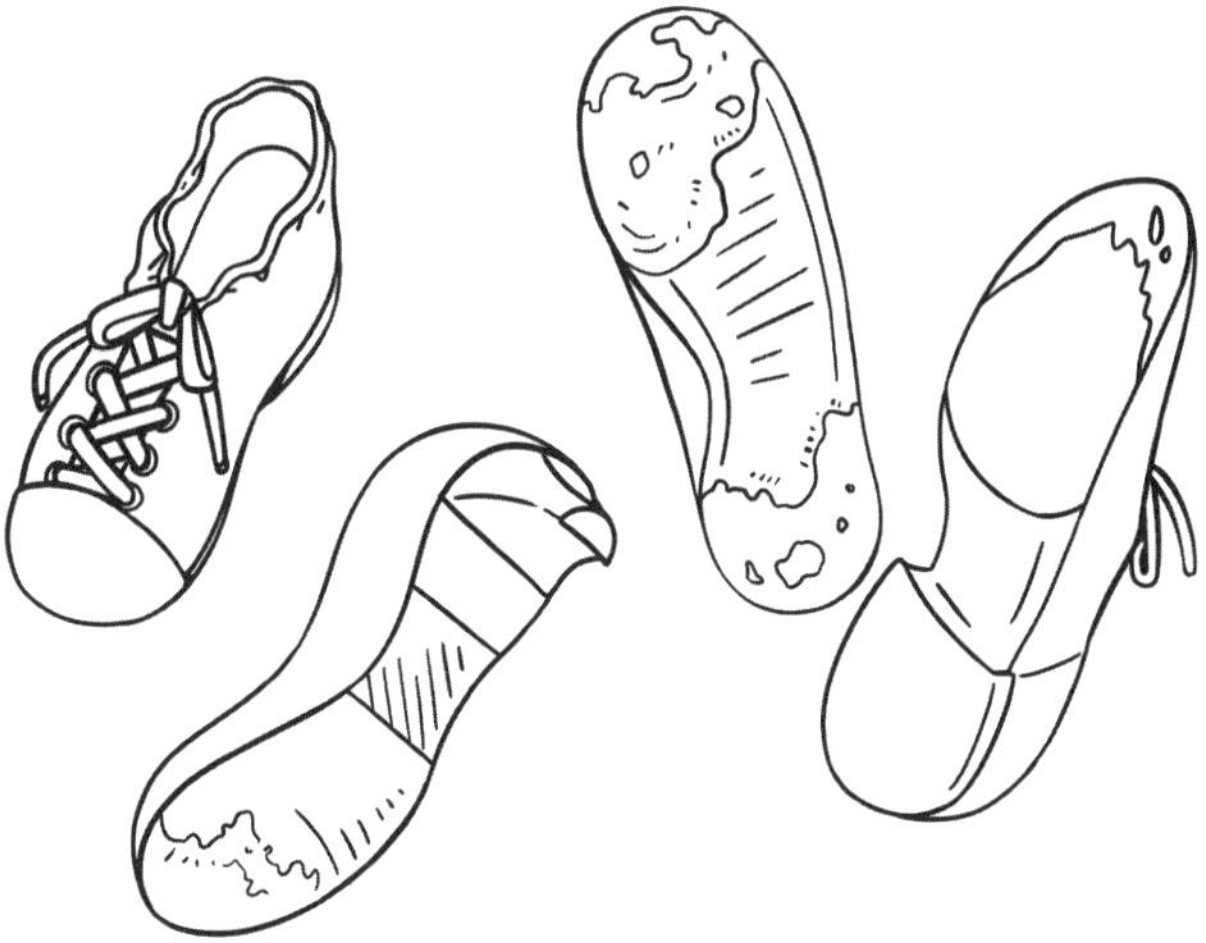

を履くことで、悪い歩き方の癖が残ってしまうため、きちんと正しい歩き方ができなくなってしまうのです。

今まで外股で歩いていた場合は、重心が前ではなく、外側に移動するため、ソールの外側だけが削れています（詳しくは73ページ参照）。その靴を履いていると、正しい歩き方をしても、外側に重心が移動してしまうため、正しく歩けないのです。

また、**内股で歩いたり、足指のつけ根で蹴り出すように歩いていた場合**は、足が内側に捻れる（過回内）ため（詳しくは48ページ参照）、ソールの内側だけが削れたり、靴の内側が伸びて膨らんでいます（詳しくは72

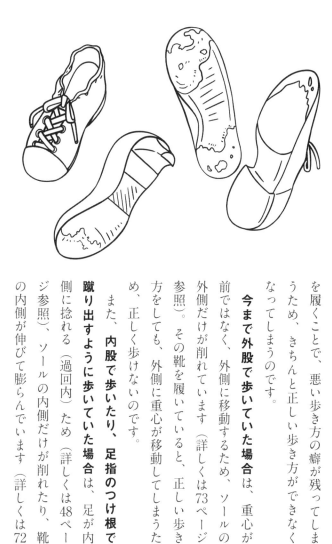

ページ参照）。そのため、正しい歩き方をしても、内側に重心が移動したり、自分の足よりも大きい幅の靴を履いている状態になり、正しく歩けないのです。

このようにバスタオルウォーキングで、重心の前方移動が行えるようになっても、悪い歩き方の癖がついた靴を履いたままでは、足裏の体重移動を足指までスムーズに行うことが難しくなります。

現在使用している靴が、履きはじめて数か月から半年経過しているのであれば、すでに歩き方の癖がついているので、**新しい靴に替えることをおすすめします**。

クッション性のソールを使う

ソール（靴底）は、地面の衝撃から足を守るため、**クッション性のある素材**のものをおすすめします。ただし、ソールが厚いものになると重たかったり、硬かったりするので注意してください。

かたちは、平らではなく、**足指のつけ根部分から先が、やや反り上がっている**と、重心の前方移動をスムーズに行うことができます。

さらに、シューズを手で曲げたときに、**足指のつけ根部分が反りやすい（曲げやすい）もの**や、**足指のつけ根の部分から先がやや反り上がっているもの**を選んでください（図11）。


現在、ダイエットシューズの中には、凸凹のソールがありますが、バランスが不安定のため、正しく歩くことができなくなるのでおすすめしていません。

ソールの接地面が平らでも、重心の前方移動ができれば、足関節や股関節の可動域が広がるため、今までよりも下半身の筋肉を多く使うことが可能となり、ダイエットの効果も得られます（詳しくは111ページ参照）。

また、足指のつけ根から先の部分だけでなく、かかとの部分も反り上がっているソール（船底型ソール）がありますが、これもおすすめできません。シューズが勝手に前へ転がるかたちをしているので、後方重心のままでも重心の前方移動ができているように勘違いするからです。

さらに、重心を前に移動させようとすると、体が前に移動しすぎるため、無意識に重心移動をセーブしてしまうことも考えられます。

図10 良いソールと悪いソールの違い

OK
重心の前方移動がスムーズに行えます。
やや反り上がっている
ソール
反りやすい
ソール
NG
バランスが不安定になり、
きちんと重心の前方移動ができません。
凹凸のソール
船底型ソール

インソールで環境を整える

ここでは、靴にもともとついているインソール（中敷き）ではなく、足の不調を改善するために購入したものについてお話しします。

外反母趾や扁平足・開張足の方は、ご自身の足の不調を改善するためのインソールを購入されたり、医療機関でオーダーメイドのインソールを処方されるケースが多いようです。

しかし、足の不調を改善するためにもかかわらず、歩くとインソールが足指のつけ根に当たって痛みが出るなどの理由で、使用していない方がいらっしゃいます。

インソールは、**アーチサポートと言って、崩れた縦と横のアーチ**（詳しくは40ページ参照）**を持ち上げる目的で、一部分だけが盛り上がった構造**になっています。

後方重心の場合、重心が足指のつけ根までしか移動しないため、このアーチサポートで盛り上がっている部分が、足指のつけ根部分に当たることで、痛みが出る場合があるのです。

そのような方でも、バスタオルウォーキングで、正しい歩き方になり、あおり歩行ができるようになれば、**インソールが本来のサポート機能を発揮できる**ようになります。

靴のサイズを正しく測る

靴屋で試し履きをすると、お店の方は「かかとをしっかり後ろに合わせた状態で立ち上がったときに、足指の先から靴の先端まで5〜10㎜程度の余裕があり、足指が自由に動くかどうか」を確認されます。

もちろん普通の足ならばこの選び方で問題ないのですが、**「浮き指」**になっている方は、注意してください。

靴先に1㎝程度の余裕があっても、足指が浮いているから余裕があるようになっているのであって、**実際は小さいサイズの靴を履いている**ことになるからです。

きちんと自分の足に合った靴を選ぶために、正しくサイズを測ることが大切です。そのためにも自分でかんたんにできる靴のサイズの測り方をご紹介します（図11）。

かかとを上げて立つことでつま先立ちの状態になるため、足指が伸びてしっかりと接地でき、正しいサイズを測ることができるのです。

体験談でご紹介したAくん（10ページ参照）のように、わずか1か月で、靴のサイズが1・5㎝も大きくなったのは、急激な足の成長ではなく、浮き指が伸びて靴が窮屈になったからです。

バスタオルウォーキングで、足指がしっかり接地して歩けるようになれば、浮いた足指が改善されて、地面に近づくため、足指が靴先に当たるようになります。

その際、1番やってはいけないことが、靴先に当たらないように、足指を浮かせて歩いてしまうことです。**足指を浮かせて歩くと、さらに浮き指を進行させてし**

図11 浮き指の方の靴のサイズを正しく測る方法

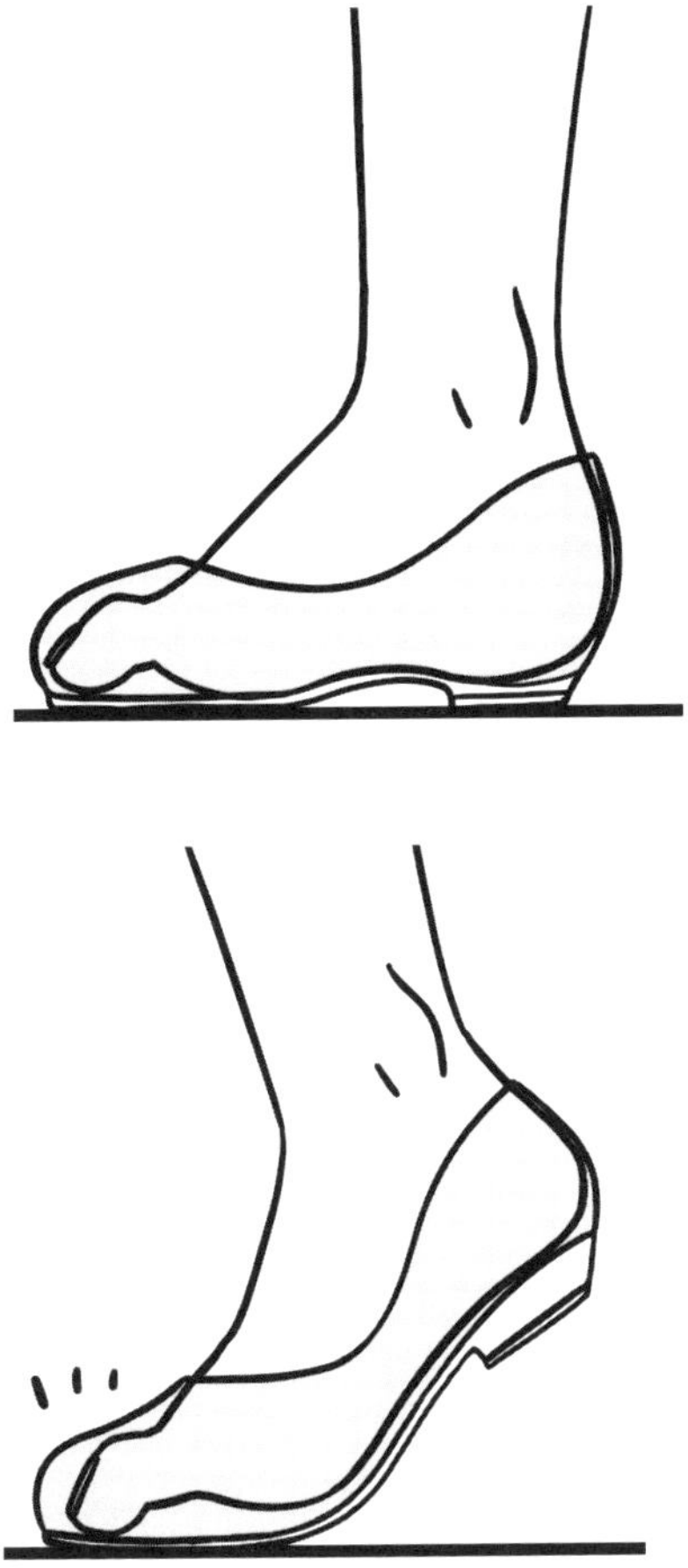
靴を履いて
立ち上がる
かかとを上げて
足指が靴に
当たらないか確認する

まいます。

浮き指になっている方は、ご紹介した靴のサイズを正しく測る方法を参考にしてみてください。

アキレス腱とふくらはぎをストレッチする

健康的な歩き方には**足首の柔軟性が必要**のため、ストレッチをして柔軟性を高めましょう。

後方重心の場合、足首を十分に動かさずに歩いているので、足首が硬い傾向にあります。

特に、歩き出すときにいきなり足裏全体を接地する方は、かかとを接地するときの足指を上げて足首を反らす（背屈・図12）ことをしていないため、アキレス腱やふくらはぎの筋肉が硬くなっています。

足首の動きは、重心の前方移動が行えるようになれば自然に大きくなりますが、**つま先を上げて足首を反らすこと（背屈）は自然に行えるものではなく、意識しなければできません**。

ですから、普段からアキレス腱とふくらはぎのストレッチを行い、足首の背屈をスムーズに行えるようにしておくことが必要です。

ここでは壁に両手を着いて、体を安定させた状態で行う「アキレス腱とふくらはぎのストレッチ方法」をお伝えします（図13）。

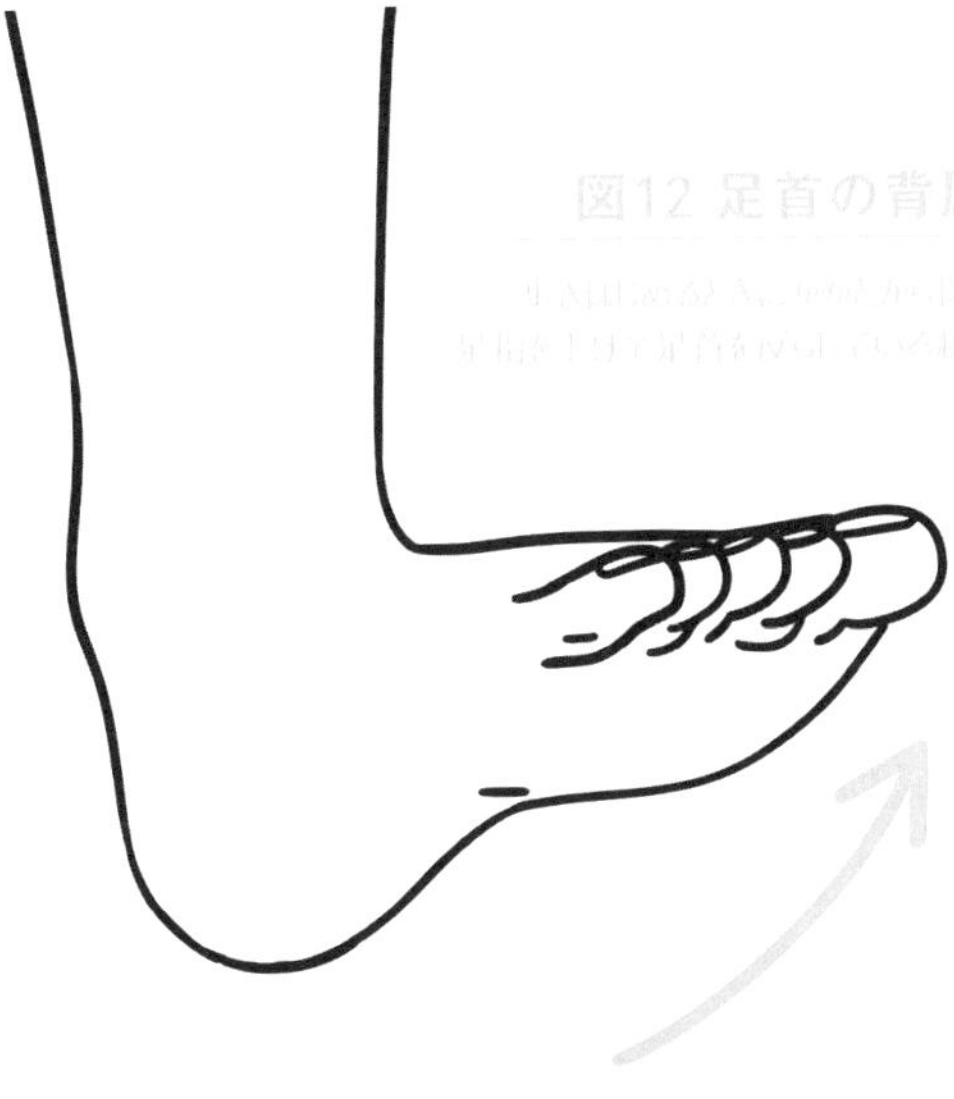

図12 足首の背屈

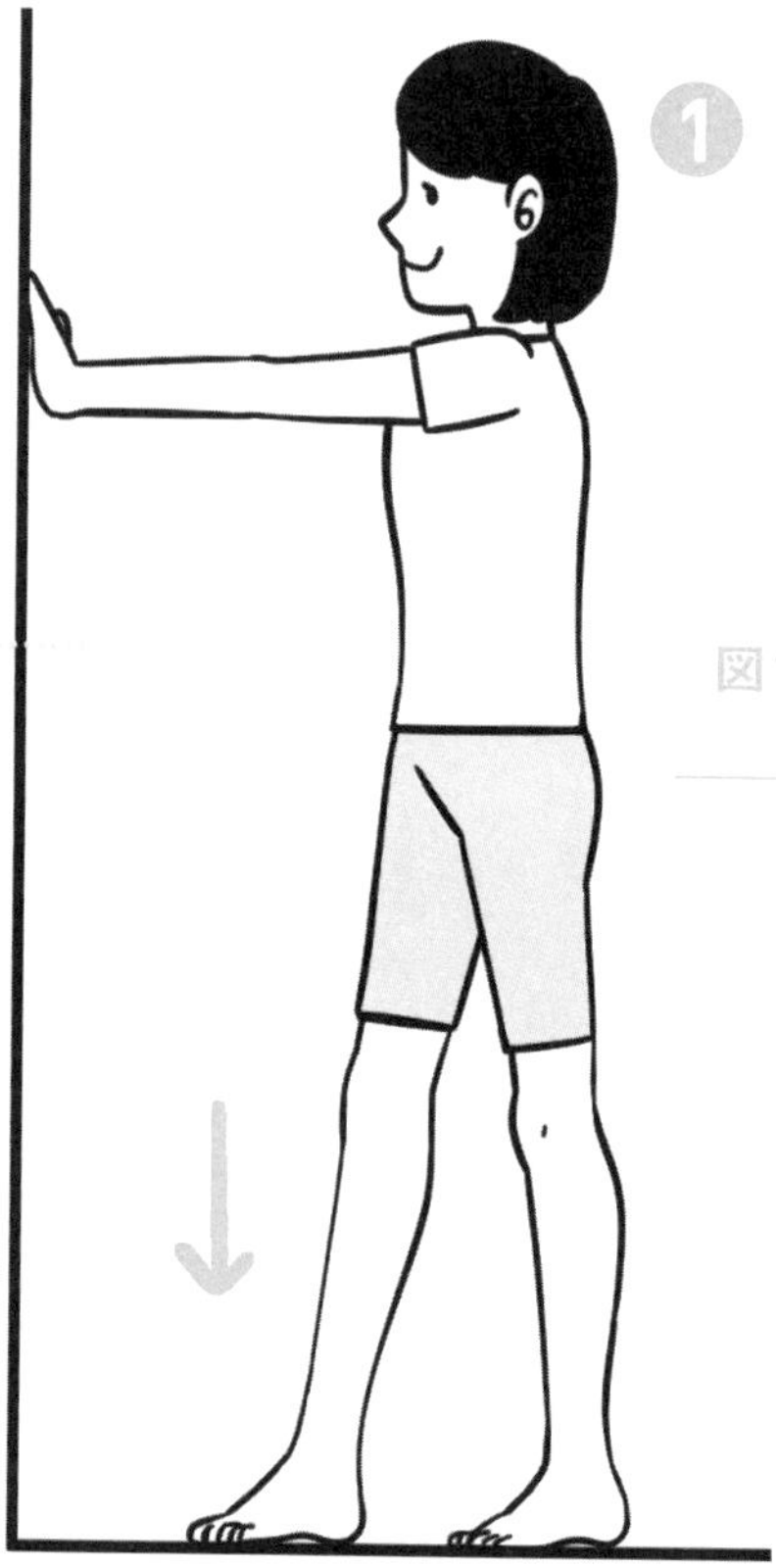

図13 アキレス腱とふくらはぎのストレッチ方法

左右で同じように行い、
❶から❸までを3回繰り返しましょう。

- 壁に向かって両手を肩の高さに着き、ひじを伸ばした位置で立つ
- 左足を1歩後ろに出し、かかとは地面に着けたまま、右ひざを徐々に曲げる

- 右ひざを徐々に曲げるのと同時に、
  両ひじも徐々に曲げていく
- 左ひざは伸ばしたままで、
  かかとが持ち上がらないように
  気をつける
- アキレス腱とふくらはぎが、
  伸びているのを感じながら
  20秒間その姿勢を保持する
  ※アキレス腱やふくらはぎが痛いときは、
  無理のない程度に伸ばしてください

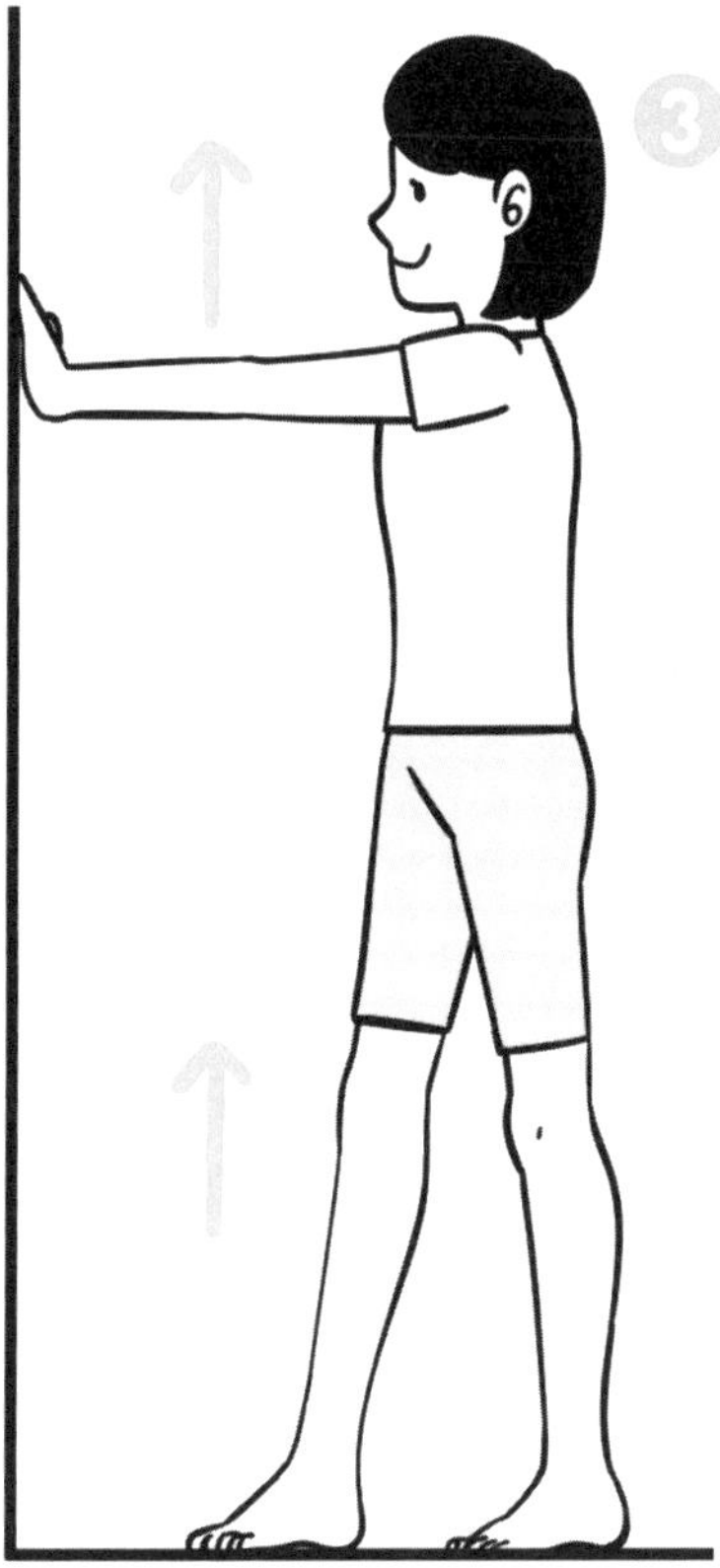

- 曲げていた右ひざと
  両ひじを伸ばし、
  左足を元の位置に戻す

つま先を使ったトレーニングはやらない

つま先を使ったトレーニング（つま先立ちトレーニングと言います）は、足指を鍛えることを目的とし、立った状態で数秒間背伸びをくり返します。

自分が浮き指だと気づいたとき、足指が退化しているので鍛える必要があると思うかもしれません。しかし、足指を鍛えるために行う、つま先立ちトレーニングはやらないでください。

つま先立ちをすると、足指のつけ根にストレスをかけすぎてしまいます。

そもそも後方重心の場合は、足指のつけ根にストレスが蓄積しているので、つま先立ちトレーニングをくり返すと、足指のつけ根によりストレスがかかるのです。

指先を鍛えるどころか、**かえって不調を引き起こしてしまう**のです。

バスタオルウォーキングも足指を使いますが、足裏全体を使っており、重心が足指のつけ根を通過するので、足指のつけ根にストレスをかけることなく足指を鍛えることができます。

つまり、**同じ足指を使う方法でも、足指のつけ根が支点となるのか、通過点となるのかという大きな違いがある**のです（詳しくは46ページ参照）。

無理してつま先立ちをくり返して、足指のつけ根を痛めるよりも、バスタオルウォーキングで、足指を使って毎日歩いたほうが、よっぽど効率のいい足指を鍛えるトレーニングになるのです。

階段での歩き方

バスタオルウォーキングを指導すると、時々「階段の上り下りはどうしたら良いですか？」という質問を受けることがあります。

階段は足の踏み場のスペースが狭いため、かかとから接地して足指で体重を支えるということができません。

さらに、駅などの屋外階段で上り下りの瞬間に足裏の接地をいちいち気にしていると人の流れを妨げることにもなるので、階段では意識しないで今までどおりで構いません。

Aさん（40代・女性）は、足指のつけ根が痛むので相談に来られましたが、後方重心で歩かれていたため、バスタオルウォーキングを指導しました。

数日後、Aさんは、「階段を上るときに、なぜか後ろに引っ張られるような感じがあって怖い思いをしたことがありました。でも、バスタオルウォーキングをはじめてから、そのような感覚がなくなりました。今まで重心を後ろに残したままで階段を上がっていたのが原因だったと身をもってわかりました。これからは階段で怖い思いをせずにすみます！」と報告してくださいました。

バスタオルウォーキングをして、**後方重心ではなくなったので、階段の上り下りのときに後ろへ引っ張られる感覚がなくなった**のでしょう。階段での転倒は、大きなケガにつながりかねないので、Aさんと同じような経験がある方は特に、バスタオルウォーキングをして正しい歩き方を身につけてください。

電車での立ち方

電車に限らず立つときは、「壁を使って立ち方を整える方法」（詳しくは88ページ参照）でご紹介した、「耳～肩～股関節～ひざ～足首」を結んだ重心線が、ほぼ一直線になるように立ち、「かかと～足裏～足指」が1つの面として地面に着くように意識してください。

重心を安定させて立つことができると、体がグラグラと揺れにくくなります。これはヒールのある靴を履いていても同じです。

足の不調で来院されたMさん（30代・女性）は、「今までは電車が少し揺れただけで、体がグラグラしていましたが、バスタオルウォーキングをしてからは、ヒールのある靴で電車に乗っても、以前より体がグラグラ揺れないで立てるようになりました！」と喜ばれていました。

＊　＊　＊

安全のためにも重心の前方移動を身につけ、正しい立ち方を意識してください。

バスタオルウォーキングで重心の前方移動を身につけ、さらに靴の選び方やストレッチなどに日頃から取り組むと、より健康的に歩くことができます。

無理せず、できることからはじめてください。

「健康は足もとから！」

正しく歩いて、健康になりましょう！

Column

“後方重心”になる原因は、日常生活に潜んでいる⁉

本来、人間の重心は重心線上にあるとお伝えしました（詳しくは36ページ参照）が、なぜ後方重心になってしまうのでしょう。

その原因は、2つあると考えています。

1つは、**生活環境**です。

昔はほとんどの道路が舗装されておらず、デコボコ道が当たり前でした。また、家の床も畳が一般的でした。

そのため、自分の足指でバランスを取りながら歩く必要があったので、足指を使わずに歩くことができなかったため、きちんと重心が前へ移動していました。

しかし、現代は、道路が舗装され、家の床もフローリングやクッションフロアが多くなりました。その結果、地面が固く平らになり、足でバランスを取る必要がなくなり、重心を前方移動して足指を使って歩かなくてよくなったのです。

2つめは、**生育環境**です。

人は身近な人をマネして成長します。そのため、言葉や話し方、食べ方、歩き方など、親に似る傾向があります。

実際、親子で相談に来られた方の歩き方をチェックすると、親子で似ている場合が非常に多くあります。

また、子どもの頃から親に「姿勢を良くしなさい」と言われ続けて、意識して胸を張る場合があります。これが度をすぎると、後方重心になってしまい、歩く姿勢がより悪くなってしまうので、注意してください。

おわりに

最後までお読みいただきありがとうございました。

本書をお読みになってくださったみなさんは、何らかの足の不調でお悩みのことと思います。

今までいろいろな治療を受けたのに、**なかなか不調が改善しなかったのは、不調の原因として歩き方に目を向けていなかったから。**つまり、歩き方そのものが抱える問題点が見落とされていたからです。

足の1番の仕事は歩くことであるのに、歩き方の分析をすることなく、足のかたちにだけとらわれているのが、現在の医療ではないかと私は考えています。

本書で紹介しているバスタオルウォーキングは、足の不調を直接治すということではありません。

足の不調を引き起こす原因のほとんどが、後方重心にあるため、バスタオルを使って変えていき、原因を取り除くことで不調が起きないようにするというものです。

特別な技術や高額な道具は必要なく**「バスタオル1枚で骨盤を引っ張りながら1分間歩くだけ」**という非常にシンプルな方法ですが効果は絶大です。

今までは、靴やインソール、テーピング、整体、マッサージなど、受け身の処置しか選択肢がありませんでした。しかし、これからは自分自身の努力で足の不調を改善することが可能となります。

当院に来られる方からも、「今までいろいろな治療を受けても良くならなかったのに、歩き方だけで本当に良くなるのかな……」と質問されることがあります。しかし、実際に試されると、バスタオルウォーキングで歩き方が劇的に変わるので、お帰りの際には「正しい歩き方ができるように頑張ります！」とみなさん素晴らしい笑顔になられます。

本書を読んでくださったみなさんにも、笑顔のある毎日を取り戻すために、バスタオルウォーキングがお役に立てれば大変嬉しく思います。

最後になりますが、いつも温かく私を見守って適切なアドバイスをしてくださる久保治郎様、快く体験談をお話ししてくださったみなさま、また、私の難解な原稿をわかりやすく、読みやすく編集してくださった、株式会社あさ出版の吉盛絵里加様にこの場をお借りして感謝の意を申し上げます。

外反母趾研究所代表
古屋　達司

参考文献

『カパンディ関節の生理学Ⅱ下肢』
I. A. Kapandji 著 荻島秀男 監訳 嶋田智明 訳(医歯薬出版)

『足と足関節の痛み』
Rene Cailliet 著 荻島秀男 訳(医歯薬出版)

『外反母趾を防ぐ・治す』
井口傑 著(講談社)

『足のクリニック』
井口傑 著(南江堂)

『美しい足をつくる』
Christion Larsen 著 井口傑 監修(保健同人社)

『観察による歩行分析』
Kirsten Götz-Neumann 著
月城慶一 山本澄子 江原義弘 盆子原秀三 訳(医学書院)

『歩くこと・足そして靴』
清水昌一 著(風濤社)

『歩き方を変えれば外反母趾はここまで治る!』
古屋達司 著(メタモル出版)

『子どものスポーツ障害・外反母趾は『歩き方』で治る!』
古屋達司 著(メタモル出版)

『外反母趾は「ゆりかご歩き」で治る!』
古屋達司 著(マキノ出版)

著者紹介

古屋達司（ふるや・たつじ）

外反母趾研究所代表/柔道整復師
1963年、東京都生まれ。日本柔道整復専門学校卒業。1992年、東京都板橋区にみその接骨院を開業し、外反母趾治療に取り組む。テーピングだけの治療法に限界を感じ、リハビリテーション医学の観点から歩行改善アプローチを行い、外反母趾の改善効果を飛躍的に向上させる。その成果を理論的に体系化し、1999年に外反母趾研究所を開設する。その後、足の不調と後方重心の相関関係に気づき、バスタオルウォーキングを考案する。現在では、日本全国からだけでなく、海外在住の日本人なども多く訪れる。クライアントへの歩行指導を行う傍ら、NHK文化センターをはじめとした多くのカルチャーセンターでもバスタオルウォーキングを指導している。また、その指導を受けた治療家とともに、全国に外反母趾研究所を開設している。
著書に『外反母趾は「ゆりかご歩き」で治る!』（マキノ出版）などがある。

●外反母趾研究所ホームページ →
https://asinayami.com/

監修者紹介

今井一彰（いまい・かずあき）

みらいクリニック院長/内科医/日本東洋医学会漢方専門医/日本病巣疾患研究会副理事長
1970年、鹿児島県生まれ。1995年、山口大学医学部卒業。2006年、福岡市博多駅前に、みらいクリニックを開業。
全身の痛みや不調は足指が原因であることを発見し、足もとからの健康づくり「足育」を提唱。福岡県内の保育園と連携し、開発した「ゆびのば体操」は、誰でもかんたんにできる足のセルフケアとして、福岡県を中心に全国500以上の保育園や小学校、病院、介護施設などで実施されている。全国各地で「ゆびのば体操」を広げる講演や、「ゆびのばセミナー」を実施。どの会場も満席の人気講演となっている。テレビ、ラジオ、新聞など、多数メディアでも活躍。
著書に、『足腰が20歳若返る　足指のばし』（かんき出版）などがある。

バスタオルウォーキング
1日《にち》1分《ぷん》で痛《いた》い・つらいがなくなる　〈検印省略〉

2020年　1　月　18　日　第　1　刷発行

著　者――古屋 達司（ふるや・たつじ）
監修者――今井 一彰（いまい・かずあき）
発行者――佐藤 和夫

発行所――株式会社あさ出版
〒171-0022 東京都豊島区南池袋2-9-9 第一池袋ホワイトビル6F
電　話　03（3983）3225（販売）
　　　　03（3983）3227（編集）
F A X　03（3983）3226
U R L　http://www.asa21.com/
E-mail　info@asa21.com
振　替　00160-1-720619

印刷・製本（株）光邦

facebook　http://www.facebook.com/asapublishing
twitter　http://twitter.com/asapublishing

ISBN978-4-86667-160-4 C2077

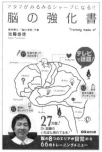

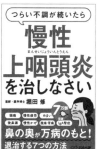

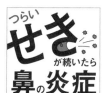

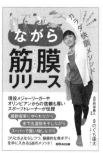